银行业信息化年度成果报告
（2019）

李 伟 主编

中国金融出版社

责任编辑：吕　楠
责任校对：孙　蕊
责任印制：程　颖

图书在版编目（CIP）数据

银行业信息化年度成果报告.2019／李伟主编.—北京：中国金融出版社，2020.7

ISBN 978－7－5220－0590－4

Ⅰ.①银…　Ⅱ.①李…　Ⅲ.①银行业—产业信息化—研究报告—中国—2019　Ⅳ.①F832.3

中国版本图书馆CIP数据核字（2020）第063636号

银行业信息化年度成果报告（2019）
Yinhangye Xinxihua Niandu Chengguo Baogao（2019）

出版
发行　中国金融出版社

社址　北京市丰台区益泽路2号
市场开发部　（010）66024766，63805472，63439533（传真）
网上书店　http：//www.chinafph.com
　　　　　（010）66024766，63372837（传真）
读者服务部　（010）66070833，62568380
邮编　100071
经销　新华书店
印刷　保利达印务有限公司
尺寸　169毫米×239毫米
印张　10
字数　105千
版次　2020年7月第1版
印次　2020年7月第1次印刷
定价　49.00元
ISBN 978－7－5220－0590－4
如出现印装错误本社负责调换　联系电话（010）63263947

序

党的十八大以来，我国经济发展进入新常态，经济结构持续调整优化，金融改革深入开展，新兴金融业态快速兴起。银行业又一次迎来了转型的关键时期，需要不断调整经营战略和发展思路，提高金融服务质量，增强风险防控能力，提升国际化、市场化、综合化水平。为此，银行机构不断增强信息科技的技术实力和创新能力，在坚守金融安全底线的同时，运用现代信息技术创新业务模式和管理模式，推动经营转型。银行业信息化正从传统的支持保障角色逐渐转变为引领者和价值创造者，担负起更重要的历史使命。

近年来，遵循"安全发展"的指导思想，银行业信息化工作主要围绕业务连续性、风险管控、IT架构、决策支持、运维管理、产品创新等领域展开，呈现出六大特点：一是重视关键信息基础设施的灾备建设，安全稳定运行实现新突破；二是注重流程改造和管理变革，"科技创新引领业务发展"态势明显；三是紧贴国家和行业发展方向，注重服务于国家战略；四是广泛应用先进技术，出现了一大批基于大数据、云计算、物联网、移动金融等技术的创新成果；五是新兴业态广泛涌现，体现了传统金融与互联网金融融合的趋势；六是贴近地方民生，体现区域特色，地方性金融机构科技创新体系整体效能稳步提高。

安全是发展的基础。习近平总书记在网络安全和信息化工作座谈会上明确指出，金融等领域的关键信息基础设施是经济社会运行的神经中枢，是网络安全的重中之重。面对日益严峻的网络安全形势，银行业围绕信息安全保障工作，积极运用云计算、分布式等技术开展重要系统改造，加强关键信息基础设施的灾备建设，强化生产运维管理，持续提升金融网络安全防护能力，积累了大量具有行业借鉴意义的成功经验。

发展是解决问题的关键。随着互联网经济和信息技术的快速发展，以移动互联、云计算、大数据等为代表的新兴信息技术与银行业务加速融合，银行机构积极运用现代信息技术推动基础服务转型和业务创新，涌现出大量行业优秀成果。一方面，通过改进业务模式、优化服务流程、强化信用管理，不断加大基础金融服务的覆盖面，提升其精准性和便利性，为更好地服务实体经济、发展普惠金融、推动供给侧结构性改革打下基础。另一方面，加强金融产品和服务创新，催生大量新型金融服务需求，全面提升金融服务能力，为社会公众提供更丰富、安全、便捷的金融服务。同时，随着金融科技的发展，积极探索互联网金融服务创新模式，以更加低廉和实惠的成本，快速高效地满足各种金融服务需求，更好地为实体经济发展提供有效的金融支撑。

为及时总结和分享银行信息科技的发展成果，展现其在深化金融体制改革和促进金融服务发展方面带来的经济效益和社会效益，加深社会各界对金融信息化的认知和理解，中国人民银行组织编制出版《银行业信息化年度成果报告（2019）》。本书以具有代表性的年度银行业科技成果为突破点，结合专家点评，总结了银行信息科技一年来的发展成果，展望了技术发展趋势，为将来的金融创新提供参考和借鉴。未来，银行业科技部门将继续努力，应对新的挑战，为中国银行业的改革发展与经营转型提供更强大的技术保障和引领。

本书编委会

主　　　编：李伟
咨询委员会：（按姓氏笔画排序）

方合英　卢　鸿　刘永江　刘秋万
刘桂平　关文杰　谷　澍　张青松
陈立吾　罗永忠　周清玉　郭　莽

编写组组长：金磐石
编写组副组长：朱玉红　周祥昆
编写组成员：（按姓氏笔画排序）

马　龙　马　雁　王　露　王靖文
王慧颖　毛亚妮　艾有为　史晨阳
白雪永　吕仲涛　刘瑞胜　闫晓林
寿弘宇　杨　超　李　慧　李正茂
李东丽　李海宁　吴平凡　吴永飞
张　竹　张静娴　陈　红　尚继敏
罗巨明　孟　茜　赵　赟　赵勇江
赵韵东　皇小箫　侯陈达　聂　晴
徐　瀚　高亚军　章　珂　寇　冠
谢　晋　谢建芳　虞　瑾　蔡　钊

前　言

习近平总书记在中共中央政治局集体学习时强调，金融是国家重要的核心竞争力。我们要深化对金融本质和规律的认识，立足中国实际，走出中国特色金融发展之路。要抓住完善金融服务、防范金融风险这个重点，推动金融业高质量发展。

金融发展与信息化建设密不可分。近年来，银行业各机构积极开展架构转型、基础研究和新技术应用的探索和实践，涌现了一大批优秀的信息化成果。

数说金融科技，银行业信息化成果丰硕

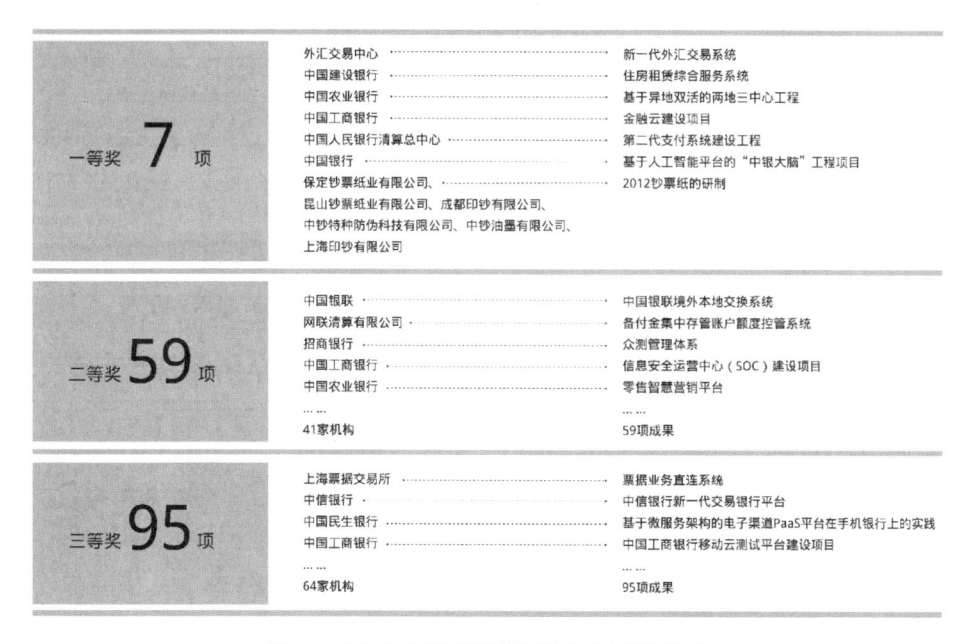

一等奖 7项	外汇交易中心	新一代外汇交易系统
	中国建设银行	住房租赁综合服务系统
	中国农业银行	基于异地双活的两地三中心工程
	中国工商银行	金融云建设项目
	中国人民银行清算总中心	第二代支付系统建设工程
	中国银行	基于人工智能平台的"中银大脑"工程项目
	保定钞票纸业有限公司、昆山钞票纸业有限公司、成都印钞有限公司、中钞特种防伪科技有限公司、中钞油墨有限公司、上海印钞有限公司	2012钞票纸的研制
二等奖 59项	中国银联	中国银联境外本地交换系统
	网联清算有限公司	备付金集中存管账户额度监管系统
	招商银行	众测管理体系
	中国工商银行	信息安全运营中心（SOC）建设项目
	中国农业银行	零售智慧营销平台
	41家机构	59项成果
三等奖 95项	上海票据交易所	票据业务直连系统
	中信银行	中信银行新一代交易银行平台
	中国民生银行	基于微服务架构的电子渠道PaaS平台在手机银行上的实践
	中国工商银行	中国工商银行移动云测试平台建设项目
	64家机构	95项成果

图1　2018年银行科技发展奖项目成果概览

随着金融科技快速发展，银行业信息技术应用逐步深化，金融与科技深度融合，快速提升金融创新和风险防范能力，推动金融服务全面提质增效。

图 2 架构转型和新技术应用进展情况

年份	大数据 Big Data	人工智能 Artificial Intelligence	云计算 Cloud Computing	区块链 Block Chain	物联网 The Internet Of Things
2018	62项	29项	31项	10项	3项
2017	48项	13项	32项	4项	1项
2016	41项	12项	18项	0项	1项

图 3 年度信息化建设技术热词

目 录

第一章　夯实金融基础设施，促进社会经济稳健发展 …… 1
第一节　加强金融基础建设，提升金融市场服务能力 …… 1
　一、完善银行间交易系统，支撑金融业务高效运转 …… 2
　二、重构票据基础设施体系，促进票据市场规范运营 …… 7
第二节　推动支付渠道创新，提升支付体系整体竞争力 …… 12
　一、优化支付基础设施，保障支付体系健康发展 …… 12
　二、创新智能支付模式，构筑金融支付新业态 …… 14
第三节　深化国际金融合作，助力金融扬帆出海 …… 21
第四节　小结 …… 24

第二章　坚持创新驱动发展，提升科技核心竞争力 …… 26
第一节　加大自主创新力度，掌控关键核心技术 …… 26
　一、构建创新型云体系，夯实IT基础支撑能力 …… 27
　二、攻克核心技术难点，提高安全可控能力 …… 31
第二节　深化IT架构转型，增强业务支撑能力 …… 33
　一、深耕基础架构领域，助力业务全面数字化 …… 33
　二、推动应用架构转型，支持业务持续创新 …… 38
第三节　小结 …… 47

第三章 深化金融供给侧改革,增强服务实体经济能力 ………… 49
　第一节　拓宽金融发展路径,满足实体经济多元需求 ………… 50
　　一、推广金融服务渠道,打造衣食住行新范式 ………… 50
　　二、优化金融资源配置,践行绿色金融新理念 ………… 53
　第二节　增强惠民服务能力,赋能普惠金融提质增效 ………… 55
　　一、聚焦信贷融资领域,提升"小微"服务精准度 ………… 55
　　二、拓展乡村金融网络,扩大"三农"服务覆盖面 ………… 58
　第三节　构建金融服务生态体系,提高金融服务水平 ………… 62
　第四节　小结 ………… 67

第四章 深化前沿技术应用,激发金融创新活力 ………… 69
　第一节　丰富人工智能应用场景,提升金融服务质效 ………… 69
　　一、加快人工智能平台建设,促进产品创新能力提升 ………… 70
　　二、加速人工智能应用落地,助推银行业数字化转型 ………… 74
　第二节　拓展区块链应用场景,推动金融服务变革 ………… 79
　　一、加强区块链技术研究,提升金融创新发展能力 ………… 79
　　二、拓展区块链技术应用,促进金融服务效率提升 ………… 82
　第三节　探索物联网应用场景,创新金融新业态 ………… 84
　第四节　小结 ………… 87

第五章 加强风控与运营管理,保障金融体系稳定运行 ………… 89
　第一节　完善风控体系建设,提升金融风险防范能力 ………… 89
　　一、打造智能风控平台,促进业务健康发展 ………… 90
　　二、增强风险识别能力,提高风险管控水平 ………… 94
　第二节　强化运营能力建设,提升精细化管理水平 ………… 99
　　一、优化运营管理平台,提高资源配置效率 ………… 99

二、构建智慧营销平台，丰富金融产品供给 ………… 103
第三节 健全金融行业规范，助推金融标准化建设 ……… 107
第四节 小结 ……………………………………………… 109

第六章 加强安全运维体系建设，提升信息科技支撑效能 …… 111
第一节 建设灾备安全防控体系，筑牢系统运行可靠防线 … 111
一、加快容灾体系建设，保障业务连续运行 …………… 112
二、巩固安全防范阵地，提升网络防护能力 …………… 116
第二节 创新科技研发运维模式，促进IT服务质效提升 … 121
一、健全研发管理机制，加快产品响应速度 …………… 122
二、打造智能运维平台，提高系统管控水平 …………… 125
第三节 小结 ……………………………………………… 131

第七章 持续提升印制防伪技术，稳步增强现金服务能力 …… 132
第一节 研制国际一流防伪技术，打造货币综合防伪品牌 … 132
一、自主创新防伪基材，实现货币品质跨越提升 ……… 133
二、瞄准前沿防伪技术，锻造大国特种防伪利器 ……… 136
第二节 提高钞处运营能力，助力银行现金服务 ………… 137
一、强化质量控制水平，提升机读防伪能力 …………… 138
二、拓展机具业务范围，提高现金处理效率 …………… 140
第三节 小结 ……………………………………………… 145

结束语 ……………………………………………………… 146

后记 ………………………………………………………… 148

第一章　夯实金融基础设施，促进社会经济稳健发展

目前，全球经济发展进入了"再全球化"的新时代，中国经济由高速增长转向高质量发展。新时代呼唤新经济，新经济需要新动能。当前经济的发展正经历由要素驱动、投资驱动向科技驱动、创新驱动的转变，提升科技核心竞争力是促进我国经济结构转型升级的关键动能。对金融行业来说，我国各金融机构正主动拥抱金融科技，加快创新步伐，不断推动自身经营管理变革。其中，金融基础建设是金融市场稳健高效运行的底座与基石，是实施宏观审慎管理和强化风险防控的重要抓手，是金融高质量发展的基础性保障。只有坚持强基固本，夯实金融基础设施，加强科技供给能力建设，才能从根本上支撑金融业务改革创新，助力金融服务效率提升和质量优化，保证金融业务运行的畅通、高效、可靠和安全，实现多边、多向的赋能，从而促进我国金融事业提质增效和社会经济稳健发展。

第一节　加强金融基础建设，提升金融市场服务能力

目前，金融供给侧结构性改革进一步深化，金融业态深刻变革，

管理方式、产品形态、服务模式从传统金融产品服务向产品、场景、平台多位一体服务转型。新业态不仅要求金融机构加快产品服务创新，也对金融基础设施的支撑能力提出了更高要求。中国外汇交易中心、上海票据交易所等单位通过科技创新持续加强金融基础设施建设，不断创新标准、方法与工具，丰富交易渠道，开放交易接口，有效提升对金融市场的服务能力、科技供给能力，从而扩大我国金融基础设施在境内外市场的影响力，促进产品体系、服务质量的优化，保障了金融业务的创新发展。

一、完善银行间交易系统，支撑金融业务高效运转

银行间交易系统是各金融机构互联互通的桥梁，是支撑备付金存管、国债、外汇等核心金融市场业务运营的平台。随着人民币国际化国家战略加速推进，人民币汇率机制改革不断深化，国家亟需领先、高效、安全、国际化的银行间交易系统。以中国外汇交易中心新一代外汇交易系统为代表的信息系统建设项目，通过运用科技创新手段，从平台化、标准化、国际化、开放化等方面支撑我国金融业务高效运转，成为服务现代社会经济发展坚实可靠的金融信息基础设施。

中国外汇交易中心融合国际先进的撮合和报价交易引擎，结合中国外汇市场实践进行自主创新，以全球化视野，打造新一代外汇交易系统。系统实现了平台化、规模化、自主化、标准化、国际化的建设目标，获得多项专利和著作权。在系统研发过程中，申报了《外汇交易后确认和交易获取报文》等 8 条 ISO 20022 报文标准，是国际标准组织（ISO）首次发布中国金融领域的相关报文，实现了零

突破，并主导制订了 ISO 23029 Web 接口（WAPI）开发指导方法论，极大提升了中国在国际金融标准化领域的话语权，有助于人民币外汇交易机制的完善与创新。

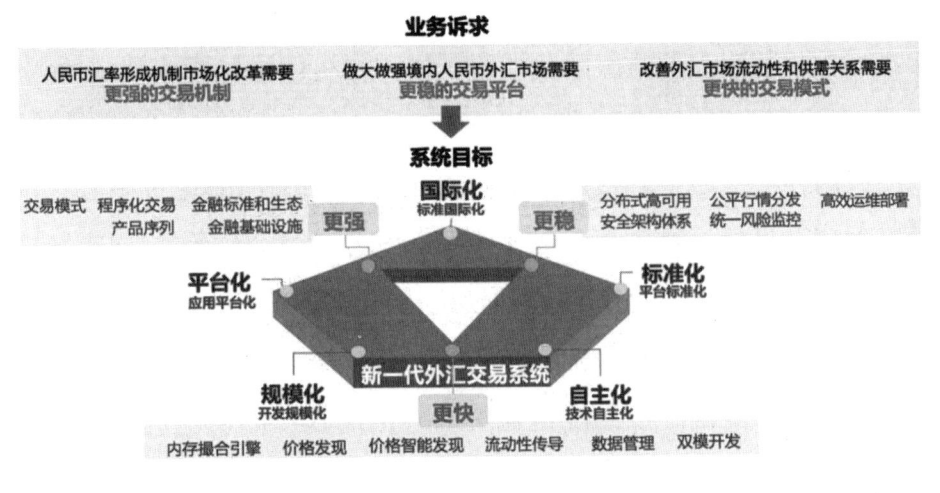

图 1-1 新一代外汇交易系统建设目标

新一代外汇交易系统具有以下五大特点：一是融合了国际外汇市场多种主流交易模式，为银行间外汇市场多种产品提供完整的综合交易服务。二是整合了基准数据、信息行情、风险管理、后台管理和数据直通等辅助交易功能，提供全流程一站式的前中后台服务。三是全球首创双边授信撮合交易，辅以即时通讯工具，优化市场交易结构，促进市场成员发现交易机会。四是基于多频大数据实时分析引擎、自然语言处理引擎，实现了多频大数据全方位监管。五是基于自主研发的低延迟分布式技术平台，采用服务化的松散耦合应用服务架构，具备易扩展、高性能、高可靠等特性。

新一代外汇交易系统不断通过业务创新和技术优化，实现市场规模快速增长。2018 年交易量达到 1262.8 万亿元，带动银行间外汇市场整体规模同比增长 25%，即期撮合市场份额和衍生品撮合市场份额分别达到 60% 和 50%，公开市场最优报价点差大幅收窄至 5 个基点（BP）以内。该系统为银行间外汇市场提供了公平、稳定和可持续的交易价格，全面促进境内外汇市场健康发展，助力人民币汇率市场化改革和人民币国际化战略，进一步巩固人民币汇率定价权，保障央行货币政策传导的高效和安全。

中国外汇交易中心按照"全球人民币及相关产品定价中心"的数字化建设目标，自主研发外汇期权定价引擎系统，作为向市场成员提供外汇期权定价服务的基础设施，能够很好地满足外汇期权交易的需求，支持其他产品的估值需求，为后续实现其他衍生品的估值提供了坚实基础。该系统覆盖全部外汇期权产品估值的相关计算场景的特点有：一是提供外汇期权相关市场数据处理功能，包含外汇即期/远期/掉期处理、本币利率曲线计算与处理（IRS 计算、利率/贴现曲线计算等）、利率平价计算、隐含利率曲线处理等。二是提供欧式期权估值相关计算功能，包含估值场景支持（如利用期权费求波动率、Delta 和 Strike 互推计算等）、希腊字母计算（支持多种定义的希腊字母）、批量估值、策略处理、特殊情况支持（如期权费后置、Vega Neutral）等。三是提供波动率曲面处理功能，主要为波动率校准、曲面插值、自定义波动曲面等。

截至 2018 年 12 月 31 日，定价引擎平稳运行 147 个工作日，共处理估值 22313 笔，波动率曲面校准 735 次。该系统是外汇交易中心为掌握衍生品交易平台的核心能力——衍生定价权而进行的一次成功尝试，依靠自主探索完成了对外汇期权产品定价模型和估值细节的掌握。在国内外汇期权市场蓬勃发展的背景下，自主掌握定价能力将极大地增强交易定价权。同时，因为之前银行机构广泛使用外国厂商的估值系统进行衍生品估值，不仅花费高昂，还不利于我国金融基础设施的安全。该系统的应用打破了外资机构在银行间衍生品定价系统方面的垄断，不仅在功能上可以完全取代外国系统，而且在计算效率、市场数据拟合准确性等方面均达到甚至超越了外国一流厂商的水平。

2018年6月，人民银行下发了《中国人民银行办公厅关于支付机构客户备付金全部集中交存有关事宜的通知》。网联清算有限公司为支持支付机构备付金集中存管，满足逐笔实时办理网络支付业务需要，搭建了"备付金集中存管账户额度控管系统"（以下简称"额度控管系统"）。额度控管系统在业务模式上，通过"资金不动、额度映射"的方式，既满足不预先划转实体资金的监管要求，又满足清算组织间额度信息互通、联动控制清算风险的管理需要，同时支持支付机构 7×24 小时进行流动性管理；在账户模型上，构建了"三级离散账户体系"，通过"额度动态调配模型"实现了额度于不同层级、不同数据中心账户间的动态调配，入金交易额度准实时可用，出金交易实时核减额度，且同时满足"高频小额、低频大额"出金交易办理需求；在技术架构上，充分利用分布式架构建设经验，通过多活数据中心、多级账户、分库分表等方式，实现纵向分层、横向分域的账户离散，满足网络支付业务高并发需求；在容灾容错能力上，系统部署于三个城市的六个数据中心且同时提供服务，借助"额度动态调配机制"实现支付机构额度于六数据中心的按需分配，最终达到跨数据中心、跨地域的额度和服务容灾目标，确保支付机构流动性充足、不发生业务中断。

截至 2018 年底，额度控管系统顺利承载了网联平台成员机构全量业务，实时交易平均响应时间小于 5 毫秒，系统成功率大于 99.999%。额度控管系统为"备付金百分之百交存"政策落地提供了有力保障，备付金集中存管有助于支付行业常态化监管，实现统一的清算管理，并为资金监测提供支撑，有效防范备付金挪用问题，引导支付机构探索新的支付场景和技术能力，回归合规业务本质，进一步维护了公平竞争的市场环境和金融稳定，增强了金融风险防控能力。

- 支持跨市场客户的交割
- 支持部分交割功能
- 支持滚动交割和集中交割并行的模式
- 支持DVP等多种交割模式
- 允许使用国债充抵交易保证金，中央结算公司担保品中心提供担保品管理服务
- 根据业务需求定制数据接口，实现稳定高效安全的自动化数据传输和处理
- 多元化的投资者结构，服务包括券商、基金、资管计划等机构及产品

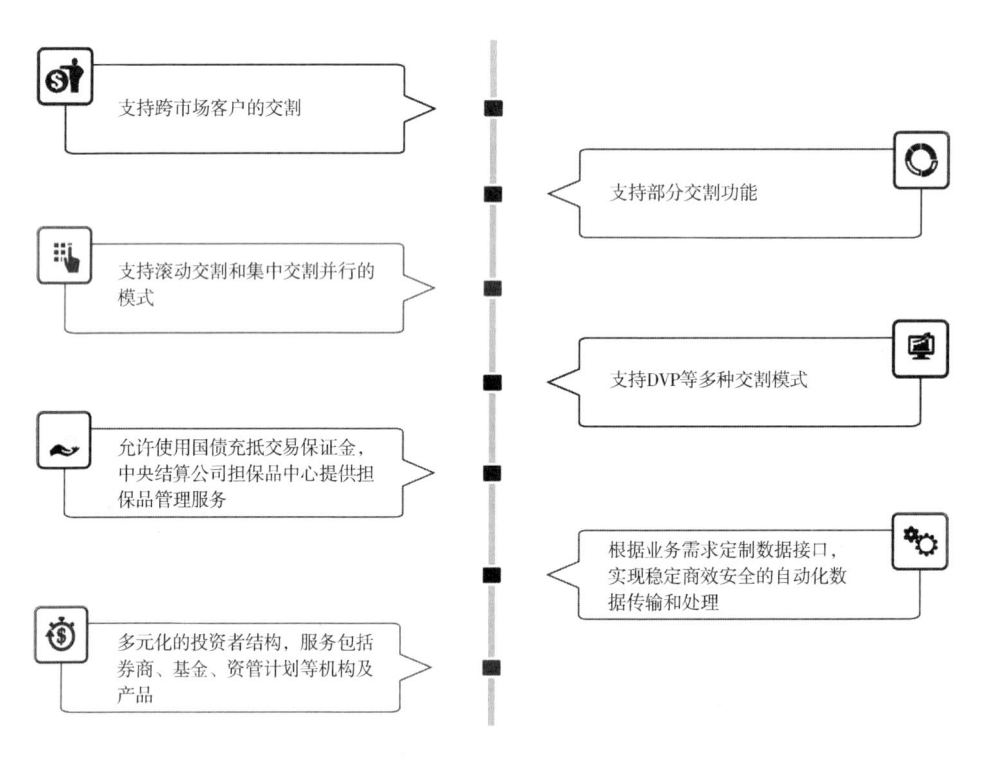

图 1-2 国债期货实物交割系统功能

国债期货的实物交割是国债现货和期货价格的纽带，是国债期货功能得以发挥的保障。中央国债登记结算有限责任公司和中国金

融期货交易所为满足市场机构对风险防范、交割效率提出的要求，联合推出了国债期货实物交割系统，通过两大国债现、期货市场金融基础设施的电子化对接，成功将现货市场上成熟、先进的DVP机制运用到期货市场，这是结算制度的重要创新和金融市场基础设施互通互联的重大举措，有利于把控人民币基础资产金融主导权，严控跨市场金融风险。

该系统具有以下特点：一是系统功能完善，涵盖了身份认证及授权、账户校验、业务操作和账务管理查询等全部功能；二是可满足个性化需求，可支持多种交割方式、支持跨市场客户的交割、支持部分交割功能、支持滚动交割和集中交割并行的模式等；三是提供定制数据接口，实现稳定高效安全的自动化数据传输和处理，服务多元化的投资者结构；四是基于ISO 20022规范，自主设计了数据交换报文标准，完善了债券登记结算标准报文体系；五是采用全面有效的信息安全架构，满足本系统及参与机构的信息系统安全等级保护要求。国债期货实物交割系统能有效地降低交割风险，为客户节省大量交割成本，实现国债期货交割效率的全面提升，受到广大市场机构的肯定和青睐。截至2018年年底，系统共成功完成了7次国债期货合约交割，国债期货年交割量突破94亿元，增幅超过1046%，用户达到181家，覆盖了证券公司、基金公司等国债期货的主要参与机构。

二、重构票据基础设施体系，促进票据市场规范运营

票据市场是我国金融市场体系的重要组成部分，在支付结算、贸易融资、同业交易、货币政策中发挥着日益重要的作用。长期以来，我国票据市场面临票据信息真实性、交易及清算即时性和市场规范性问题。为完善票据市场基础设施建设，更好地防范和控制票据市场暴露的各类问题和风险，上海票据交易所应用区块链等新技术重构我国票据基础设施体系，打造数字票据交易平台，在已有中国票据交易系统的基础上，建设再贴现业务系统和票据业务直连系统，提高了我国票据交易、清算效率，提升了票据防伪等风险防控能力，促进票据市场规范运营。

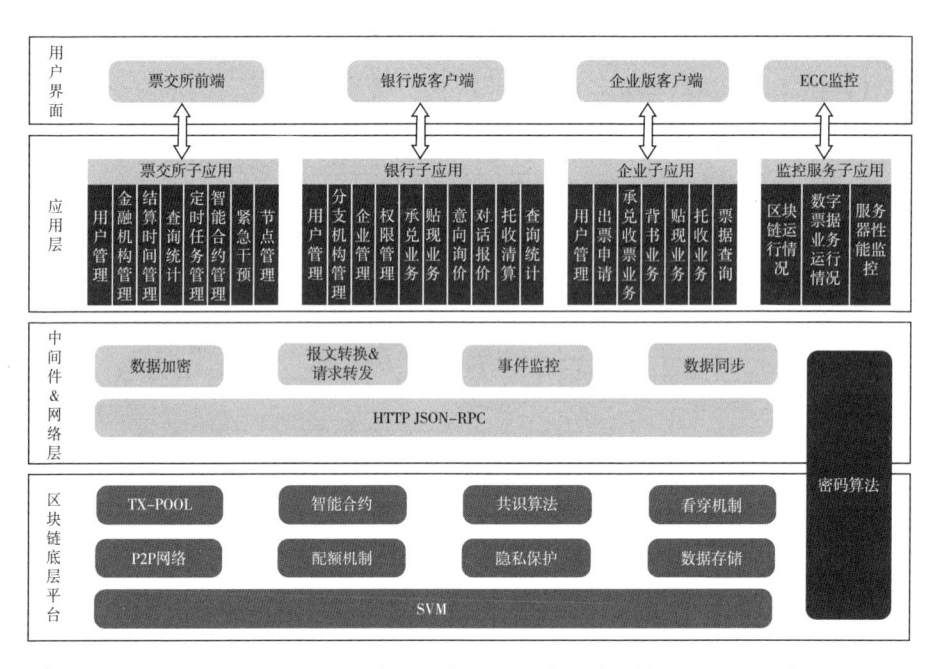

图1-3 数字票据交易平台系统架构

上海票据交易所应用区块链技术重新打造数字票据交易平台，在结算方式上与数字货币进行了剥离。一是基于智能合约优化了票据业务全流程，对未来多种结算模型进行深入研究，构建了"链上链下联动"的创新业务模式，通过创建监管节点和实现看穿机制为监管部门提供了创新的监管服务方式；二是采用分层解耦架构设计了区块链底层平台、中间件、应用层、用户界面四层架构模型,区块链底层平台由共识算法等可替换模块构成,为长期的业务演进提供了技术支撑;三是采用多种加密算法,实现了SDC区块链隐私与数据保护;四是运用椭圆曲线算法、环签名和共享密钥等技术,实现了监管看穿机制;五是通过建立全局数字身份体系,减少了重复KYC;六是采用数据与逻辑相分离的技术手段,实现了智能合约的独立更新;七是建设了数字票据可视化监控平台,实现了对区块链系统、业务、主机网络等运行情况的实时监控。

数字票据交易平台是首次将区块链技术应用在票据业务真实生产环境中的实践,实现了数字票据研究的突破性进展。一是实现票据发行时即对全网所有业务参与方广播,从技术角度提供客观的一致性证明,实现票据数据信息的不可篡改。二是通过采用区块链的分布式结构,消除信息不对称,实现票据价值传递的即时性。三是将数字票据设计成区块链上拥有独立生命周期的智能合约,通过编程实现业务规则设定,提高市场规范性,降低监管成本。四是通过实验性生产系统的建设,积累了区块链开发应用经验,为深入探索区块链技术在票据市场的应用打下了坚实的基础。

票据再贴现作为央行三大传统货币政策工具之一,具有调节货币供应总量、调控经济结构和传导利率政策、信贷政策的功能。上海票据交易所再贴现业务系统实现了再贴现业务全流程线上操作,从而更好地服务于央行货币政策操作,为央行实施再贴现政策工具建立全国性的、统一的电子化操作平台。一是提供再贴现业务线上申请、受理、审批功能,金融机构可以在线发起业务申请并挑选票据提交中国人民银行,中国人民银行线上受理、复核并审批。二是提供再贴现业务管理和参数设置功能，中国人民银行可以根据政策要求，在系统中设置窗口受理关系，选择合格的再贴现申请主体；设置再贴现质押式回购利率、期限等全辖参数，对再贴现业务进行统一管理；设置是否涉农、是否小微等专业参数，便于货币政策的定向传导。三是提供再贴现业务到期后的业务处理功能，再贴现质押式回购到期后，人民银行可以线上进行到期解质押处理。四是提供再贴现票据信息登记功能，贴现机构可对贴现申请人是否民企等信息进行登记。

再贴现业务系统的应用取得了较好的成效。一是显著提升了再贴现业务的办理效率，真正实现了"一键办理、无纸审批"。二是形成了再贴现业务管理"全国一盘棋"的格局，为人民银行提供了窗口受理关系、再贴现限额、利率、金融机构授信等刚性管理功能，有利于央行对全国再贴现业务进行统一、高效的管理，从而有效解决各地再贴现办理标准不统一的问题。三是增强了金融服务实体经济的能力，有利于实现再贴现政策的精准"滴灌"效应，拓宽货币政策工具的选择面，有效引导资金流向，实现政策意图，促进信贷结构调整，优化资源配置，增强金融服务实体经济的能力。四是提高了再贴现业务的风险防范水平，可以完整保存再贴现业务办理的各种数据，有效配合业务信息分析和市场监测，形成科学的风险管控体系。

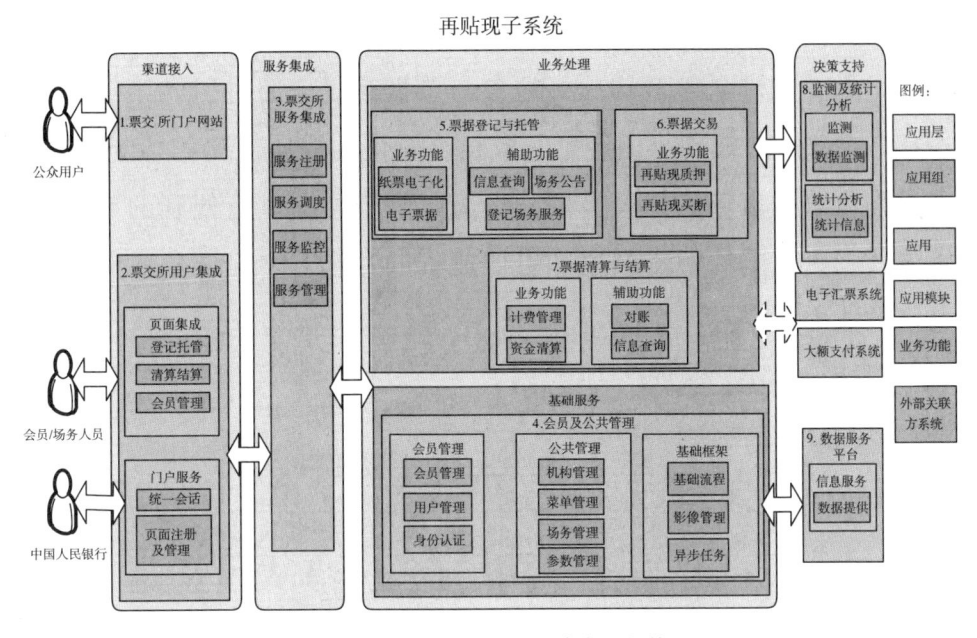

图 1-4　再贴现业务系统应用架构

上海票据交易所票据业务直连系统涵盖会员管理、纸票业务、登记托管、核心交易、清算结算等全量业务功能，支持票据全生命周期的业务直通式处理。在直连模式下，会员单位业务办理从业务发起、报价询价、授信审批到交易清算、结算，全部在行内系统的管理和监控下完成，并通过直连接口报文实现与票据交易系统的实时交互处理，实现从会员端到票交所端直通式的纸电票据登记管理与实时线上交易。2018年是票据业务直连系统全面推广的一年，累计上线直连会员单位1255家，取得了良好的应用效果。一是提升了票据市场风险防范能力，建立票交所和直连会员单位的标准化交互模式，构建环节完整、流程顺畅的票据业务操作体系，将票据业务风险防控从票交所端前移到各票据市场参与者端。二是提高了会员单位业务处理效率，通过直连报文接口与直连会员单位内部系统直接连通，可以减少信息的重复处理，降低业务操作成本。三是帮助小微金融、农村金融机构更好地参与票据市场，通过引入第三方集中接入模式，可实现小微金融、农村金融机构快速便捷的系统接入。四是强化票据市场实体经济服务能力，为企业提供更便利的支付结算方式、更便捷的融资渠道和更低成本的资金，增强票据服务实体经济的能力。

第二节　推动支付渠道创新，提升支付体系整体竞争力

在互联网经济时代，社会公众对支付多样性、便捷性、安全性的迫切需求，促使新兴电子支付方式不断涌现，支付业务体量大幅增长，支付服务组织呈现多样化发展趋势，如何优化现有支付系统业务功能和运行管理，提供更全面高效的服务，成为金融业重要的研究探索课题。各金融机构积极开展支付渠道创新，相继升级现有支付业务系统或研发新一代支付业务系统，市场涌现一批银行系支付品牌，提升了支付体系整体竞争力，着力服务民生，解决社会痛点，助力普惠金融，促进社会经济运转效率提升。

一、优化支付基础设施，保障支付体系健康发展

支付基础设施是支付业务运行和创新的基础平台，是金融业务高效运行的保障，因此支付基础设施建设是国计民生的金融大计。中国人民银行结合当前及未来一段时期社会、经济、金融发展对中

央银行支付清算服务的新需求，建设我国重要的支付业务金融基础设施——第二代支付系统，全面实现央行大额支付、小额支付、网上支付跨行清算业务，有效支持我国支付结算方式的创新和服务质量的优化，支撑了各种跨境、移动支付和金融市场交易。

图1-5 第二代支付系统特点

第二代支付系统实现了包含联机交易、分析管理、报文传输、运维监控4大类应用在内的17个应用子系统。一是实现了参与机构逐步从多点接入多点清算模式切换为一点接入一点清算模式，适应了金融机构行内系统数据大集中的发展趋势，大幅节约了参与机构接入成本。二是支持参与机构实施全面流动性管理，显著提升了社会总体资金运用效率。三是支持丰富的金融市场清算功能和新兴电子支付业务发展，有效支持了我国支付结算方式的创新和服务质量的优化。四是采用ISO 20022报文标准，促进了国内金融机构间报文交换的标准化，有效支持了人民币国际化战略。五是采用"主机+开放平台"混合技术架构，水平可伸缩应用架构，在系统层、数据层、应用层、接入层全面实现了"双中心双活"架构。六是自主研制故障隔离、快速切换等工具，故障节点隔离可在1分钟左右完成，核心交易系统跨中心有计划切换RTO＜2分钟，RPO＝0，极大地提升了支付系统业务连续性能力与应对突发事件的能力。七是在全国参与机构范围推广使用SM2、SM4等国产密码算法，有效促进了国密算法在金融行业的应用。

第二代支付系统连接参与者数量约14.6万家，几乎覆盖了我国银行机构、清算机构及重要金融市场。系统整体运行良好，可用率一直保持在100%，产生了巨大的行业效应、经济效应和社会效应。一是促进了我国金融生态环境优化，项目实现的一点接入一点清算模式，适应了金融机构行内系统数据大集中的发展趋势，为金融机构节约了流动性和接入成本；支付结算方式的创新和服务质量的优化，高效支撑了各种跨境、电子支付和金融市场交易，提升了中国支付体系整体竞争力。二是保障了经济金融市场体系的稳定运行，系统并发处理能力显著提高，自动故障隔离及切换水平显著提升，系统整体可用性得到有效加强。三是便利了人民群众的日常支付活动，前瞻性地考虑支付服务现实需求和未来发展，覆盖批发、零售及电子商务支付领域，支撑各类支付工具的使用，极大地满足了社会公众日益多样化的支付需求。

二、创新智能支付模式，构筑金融支付新业态

随着互联网金融、移动支付技术飞速发展，新兴支付方式相继

崛起。为满足社会公众对支付多样性、便捷性、安全性的迫切需求，以中国建设银行"龙支付"、中国工商银行"工银e支付"为代表的支付产品，综合应用各种新技术实现丰富多样的支付模式，例如二维码支付、指纹支付、刷脸支付、无感支付等，并通过API方式将支付服务嵌入各行业支付场景中，助力构建金融生态圈，在智慧出行、智慧医疗等日常生活中全方位渗透。

中国建设银行"龙支付"是融合了多种新技术、覆盖全场景的银行系互联网支付平台，可为个人客户和商户提供覆盖线上、线下全场景支付服务。一是服务对象涵盖B/C端，提供龙支付、聚合支付、POS/扫码盒子、钱包支付、无感支付、刷脸支付、脱机支付等多种支付解决方案。二是全面覆盖各应用场景，既服务传统购物支付，也广泛应用于智慧政务（如社保缴费）、智慧民生（如医院挂号缴费）、智慧出行（地铁购票、高速收费）等多个领域，围绕二维码支付创新发展出一套多维度、跨领域的场景金融解决方案。三是制定了钱包和二维码等产品标准，实现了无感支付、刷脸支付、钱包出海等基于支付的创新产品和特色服务，满足了日益增长的客户端支付和商户端清算需求。四是采用了符合银联标准的聚合二维码，基于聚合支付"四码合一"，实现了主扫、被扫，线上、线下的全场景覆盖。五是结合生物特征识别技术，实现了刷脸认证/支付应用。六是采用车牌识别技术，实现无感/免密支付，提升了在停车场、高速公路、加油站领域的支付体验。

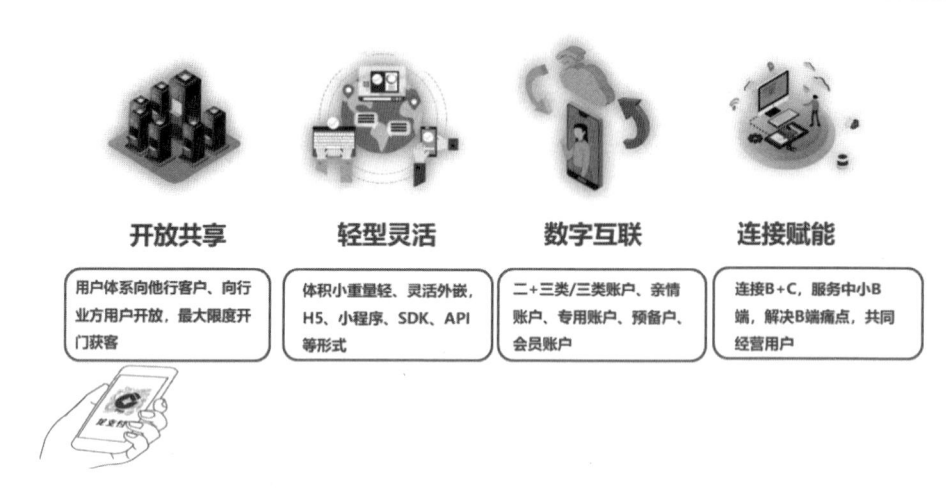

开放共享	轻型灵活	数字互联	连接赋能
用户体系向他行客户、向行业方用户开放，最大限度开门获客	体积小重量轻、灵活外嵌，H5、小程序、SDK、API等形式	二+三类/三类账户、亲情账户、专用账户、预备户、会员账户	连接B+C，服务中小B端，解决B端痛点，共同经营用户

图1-6 "龙支付"产品建设目标

"龙支付"在场景、营销、体验、技术四个方面不断突破，在开放共享、轻型灵活、数字互联、连接赋能四个方面进行精准发力，增加用户支付触点。系统有效提高了获客、活客、粘客能力，提升了存款、中间业务、资金承接等方面的综合收益。截至2018年年底，已拓展"龙支付"客户超过7600万户，覆盖支付宝、微信、银联等多客户渠道；已拓展医疗健康商户1930家、校企园区商户7848家、餐饮商32939家、旅游景点3120家、物流产业3400家，覆盖近400家停车场，累计开通车牌数超过13万个。

中国工商银行基于新技术、新商业模式、大数据打造出"客户易用、商户会用"的全新互联网支付品牌——"工银e支付"。一是大小额支付全覆盖，创新将大小额支付认证整合，形成大额支付用U盾、密码器，小额支付用短信验证码、支付密码、免密的多层次认证方式。二是采用指纹和人脸识别技术，实现客户指纹支付和人脸识别自助调整支付限额，打造极致客户使用体验。三是全面覆盖本他行客户，跨行支付成功率达到95%以上。四是支持总对总聚合支付,对微信、支付宝等主流三方支付全覆盖,同时首批实现银联二维码互扫互通。五是支付流程标准化、智能化,全面提升支付体验达到互联网先进水平。六是搭建开放化的支付场景平台,线上线下灵活支持多种形式支付对接。七是商户对接高效化,对"工银 e 支付"进行产品级包装,提高商户对接效率 50% 以上。八是风险监控实时化,全新"工银 e 支付"全面纳入事中风险监控体系。

图 1-7 "工银 e 支付"应用场景

"工银 e 支付"作为银行金融服务的核心基础性业务,逐渐成为获客、活客和粘客的有力抓手,现已覆盖公共出行、政府民生缴费、医院、互联网 App、餐饮、商超、电商和自动售卖机等行业领域的丰富场景,为客户创造更安全、更便捷、更通用的支付体验,打造有竞争力的支付体系,树立全新"工银 e 支付"品牌。通过发展北京社保、故宫、中国邮政、武汉地铁、春秋航空、北京地铁等小额高频商户，进一步推进活跃商户数、交易量快速增长。2018 年新增用户 4300 万户，增长 28.1%，达到 1.96 亿户；截至 2018 年 12 月线下商户 252.8 万户，月活跃商户数 39.4 万户，占总体商户数的 15.6%；2018 年 12 月线上支付场景交易量达到 1598.3 万笔，线下 O2O 场景交易量达到 7413 万笔。

支付标记化（Token）是一项具有广泛应用前景的创新安全技术。2016 年 6 月，中国人民银行要求商业银行、支付机构全面应用支付标记化技术，从源头控制信息泄露和欺诈交易风险。2016 年 11 月，全国金融标准化技术委员会发布《中国金融移动支付 支付标记化技术规范》。中国银联建立了适应境内外支付业务发展的银联支付标记化服务系统，为推动支付标记化技术的大规模应用、支持我国支付模式业务创新发挥积极的引导和推动作用。一是制定了统一的支付标记化方案，通过在交易全环节用支付标记和支付标记有效期替代银行卡卡号和银行卡有效期，能从根源上降低银行卡信息泄露的可能。二是建立了完善的银行卡支付标记化服务体系，银联积极参与 EMVCo 支付标记化相关技术规范的制定工作，并结合国内实际情况，制定了银联 Token 相关技术规范、业务指引、风险指引，为支付标记化的实际应用打下坚实基础。三是通过设计独创的 Token 分配方案、可靠的数据实时同步方案、灵活的数据库分库分表方案以及可靠的异地容灾方案，为支付标记化服务的大规模应用奠定了基础。四是通过开放 API 接口，产业链各方能够更加便捷的使用银联的支付标记服务，为支付机构赋能。

目前，Token 技术已经在银联在线支付、银联云闪付等产品中得到了广泛的应用。截至 2018 年年底，累计发行的 Token 数近 2 亿个，接入的在线商户达 2000 家，接入的发卡机构超过 100 家，在整个行业已形成较大影响力和权威性，具有规模化应用的示范效应。

中国银联条码支付系统借助条码作为支付媒介，实现了个人与个人、个人与商户、商户与商户之间的资金收付，在业务上涵盖消费、转账、取现等交易，支持缴费、出行、医疗等众多行业应用，同时还支持手机 PAY 扫码、NFC 标签支付、跨境扫码支付等多种创新支付方式。借助条码这种低成本的信息链接技术，可以快速切入日常小额支付领域，打造支付场景，实现业务参与方之间相互引流。

银联条码支付系统实现了一套银联条码交互标准规范，通过规范化条码交互方式实现移动支付应用 App 联网通用，解决了机构各自为战的局面，破解了信息孤岛问题，将交易的全流程都纳入监管体系进行规范化管理。除了银标码外，系统为微信、支付宝等重点非金机构提供专用解决方案，汇流条码支付业务，协助其合规发展。截至 2018 年 9 月，系统接入机构 2000 多家，拓展商户千万户，交易量稳步上升。

当下，健康医疗服务发展已成为老百姓最为关心的民生问题之一。浙江永康农村商业银行股份有限公司联手当地卫计局、社保局创新探索实践人脸识别系统与"信用医疗"应用的新医疗模式，形成了基于人脸识别的个人信用医疗无感支付云平台，致力解决"脱卡难""实名认证难""缴费烦"的三大医疗难题。一是以"刷脸就诊"代替"用卡就诊"，突破了"看病需带实体卡"的传统模式，开创性地实现了全流程"脱卡就诊""脱卡报销"。二是创新四位一体认证模式，突破了"实名认证难"的瓶颈，不仅实现了银行便捷可靠的实名签约认证，而且一并解决了社保实名报销、医院实名就诊、卫计实名健康档案等认证难题。三是创新了人脸信用无感云支付模式，突破了"看病需办缴费手续"的流程限制，实现了"医疗无感支付"，让广大群众就诊缴费"最多跑一次"。

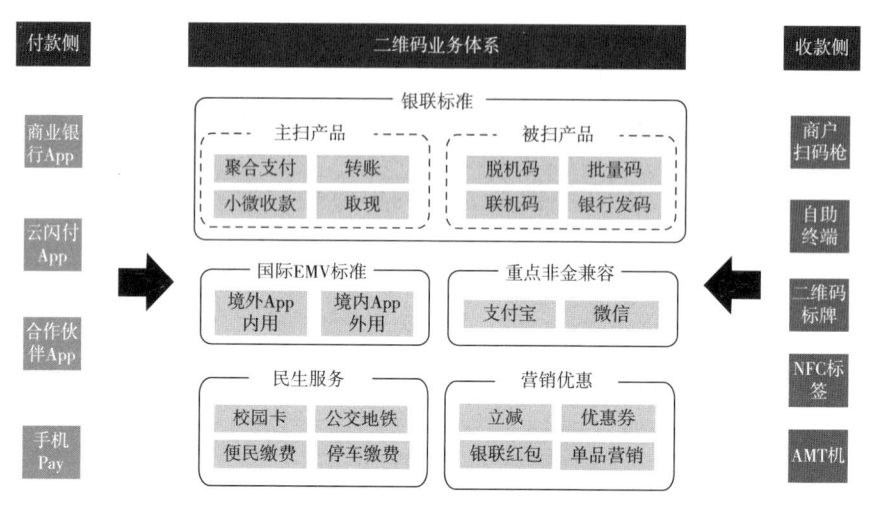

图 1-8 条码支付系统业务架构

付款侧：商业银行App、云闪付App、合作伙伴App、手机Pay

二维码业务体系：
- 银联标准
  - 主扫产品：聚合支付、转账、小微收款、取现
  - 被扫产品：脱机码、批量码、联机码、银行发码
- 国际EMV标准：境外App内用、境内App外用
- 重点非金兼容：支付宝、微信
- 民生服务：校园卡、公交地铁、便民缴费、停车缴费
- 营销优惠：立减、优惠券、银联红包、单品营销

收款侧：商户扫码枪、自助终端、二维码标牌、NFC标签、AMT机

自上线以来实现了银行、医院多方共赢。一是有效缩减银行和医院对银医自助设备的投入，降低医院就诊卡制卡、门诊收费及财务管理的相关成本投入，合计约1000多万元。二是通过"信用医疗"，节省了广大患者50%以上的就医时间成本，有效增加客户黏度，提升服务满意度。三是创新引入信用医疗无感支付方式，成功探索并拓展了银行信贷业务的医疗领域应用场景。四是有效拓展银行结算及获客渠道，吸收了卫生、社保、医院等单位结算资金，提升客户体验，截至2018年年底，累计获客19.89万人，累计缴费服务达127.08万人次。

广发银行搭建了集约、智能、一体化的全行支付平台，对外连接人行、银联、网联、第三方支付等主流支付通道，对内接入手机银行、网银等全行支付交易渠道，实现了支付应用架构整合、支付汇路智能选择以及完善的支付、清算和对账功能,全面提升支付服务水平,带来了显著的效益。一是节约经营成本,增加中间业务收入。二是议价能力提升,利息支出减少,2018年利息支出约减少276万元。三是提供多类型业务产品,促进客户增长和授信业务发展,截至2018年年底带来12万户高价值客户的增长,批量获取授信客户4万户左右,新增贷款约10亿元。四是延长支付服务时间,达到全天候24小时不间断支付,提高用户支付体验满意度。

第三节 深化国际金融合作,助力金融扬帆出海

近年来,我国社会经济快速发展,经济规模不断扩大,综合国力显著增强。金融市场体系逐渐完善,交易活动日益频繁,市场的广度和深度不断拓展。国家提出"一带一路"和"走出去"倡议,与其他国家和地区的经贸往来日益密切。金融机构不断布局境外业务发展,开展国际金融合作实践,助力我国金融扬帆出海,推动我国金融基础设施和金融标准"走出去"。

在国家有关金融标准和技术走出去的战略指导下,中国银联研发境外本地交换系统,作为一个可复制可推广的境外本地银行卡交换中心信息基础设施,支持根据当地不同情形探索金融支付领域的新合作模式,促进中国与周边国家的金融合作,助力实现人民币国际化。系统具备架构灵活、安全可靠的特点。一是充分考虑复制推广及本地个性化差异,采用银联自有业务规则和技术规范构建,自主开发所有应用软件和中间件,具有完全自主知识产权,申请专利8

个，申请软件著作权 12 个，全部通过 ISO 27001 认证。二是应用兼容 AIX 小型机和 X86 平台，实现多语言，适应本地化界面。三是双模接入的设计支持机构快速接入本地系统和跨境系统。四是智能更新、无人值守和移动运维为业务开展和系统维护保驾护航，开启了银行卡交换中心无人值守的新纪元。

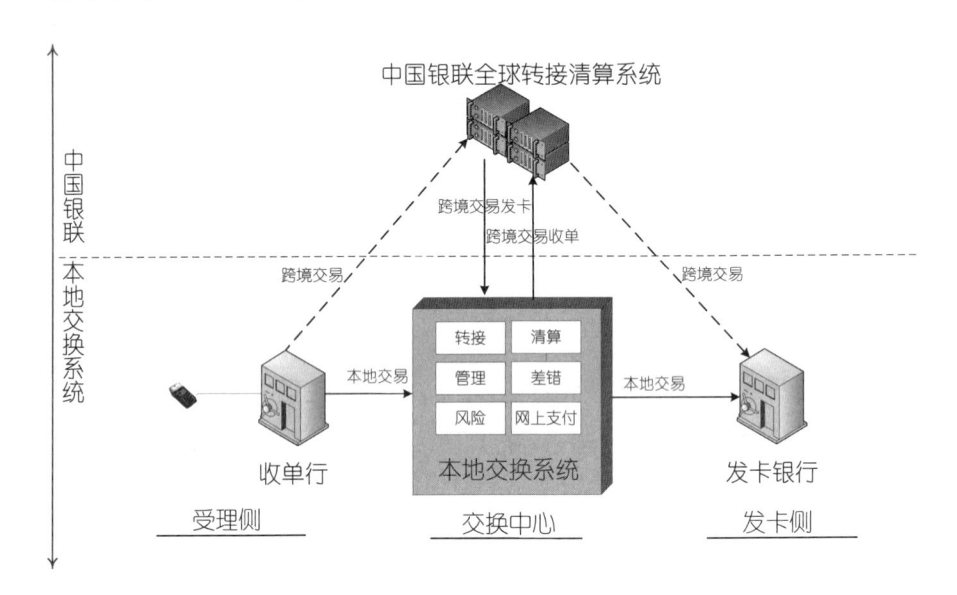

图 1-9 境外本地交换系统架构图

通过政府援建和商业合作两措并举的推广，中国银联协助中国政府完成金融基础设施对外援建工程——援老挝国家银行卡支付系统，具有战略意义。一是中国银联从国际化历程中积极寻找机会，实现跨越式发展的探索与实践；二是该系统成为中国银联科技转型的典范，具有标杆和示范作用；三是该对外援建工程有力支持了国家"一带一路"倡议实施，塞尔维亚、白俄罗斯、塔吉克斯坦等国家的支付转接网络正拟以银联标准进行建设或升级。

为落实中国人民银行 2016 年 3 号公告关于"进一步做好境外机

构投资者投资银行间债券市场"的要求,扩大境内债券市场对外开放,中国外汇交易中心与香港债券通平台互联互通,推出了债券通交易服务,构建一套银行间债券通交易系统 API 接口,境外交易平台可以通过接入该套 API 接口进行银行间现券市场的债券交易及获取实时深度行情。在技术上实现了包括网关接入模块、前置预处理模块、核心交易处理模块、行情计算及推送模块、风险控制模块等。其中,核心交易处理模块依托交易中心标准的构件化开发模型,通过复用已有领域资产和技术资产,能够快速响应业务需求,提高开发效率;行情计算及推送模块基于自主研发的高性能内存数据库(MDB)进行全内存行情聚合、清洗、变形、计算等深加工,并基于 TDPS 组件进行流式订阅处理与高可用支持。

债券通是内地债市开放的重要里程碑,也是内地与香港更紧密交流合作的重要一步。债券通的市场参与规模稳步增长,2018 年 12 月债券通交易量达 713 亿元,境外机构买入量占比 60%。参与债券通的境外机构数量持续增长,截至 2018 年 12 月,共有 503 家境外主体通过债券通渠道进入银行间债券市场,境外非法人产品账户数量占 66%,境外商业银行占 19%,境外证券公司占 6%。

为便利境外机构投资银行间债券市场,提升国际化服务水平,中央结算公司搭建中债国际业务操作平台,为境外机构直接获取市场信息、深度参与银行间债券市场提供了重要便利,是国际化战略的重要实践。该平台一是实现了从债券登记、托管、结算到付息兑付、资金拨付和信息服务的全生命周期业务直通式处理,涵盖债券结算(Bond Business)、资金业务(Cash Business)、费用查询(Fee Query)和价格产品(Pricing Data)等全流程的业务功能;二是推出了两个版本，满足结算代理人和境外投资者不同的用户使用特点，用户体验较好；三是全英文操作界面，国际化；四是与已有中文平台无缝衔接，可以直接共用客户已有的身份认证和 CA 证书，数据实现实时同步传输；五是采用 MySQL 数据库读写分离技术，实现业务处理的高并发支持。

截至 2018 年年底，包括中国人民银行、工商银行、汇丰银行等 12 家结算代理机构，已开始使用中债国际业务操作平台桌面版，占已开展国际业务结算代理人总数的 60%。直接使用该平台网上版的境外机构有 15 家，包括挪威中央银行、国际复兴开发银行、国际开发协会、野村资产管理（德国）、巴克莱银行香港分行等。此外，中央结算公司还正在向其他 300 余家境外机构推广该平台。该平台是中国债券市场基础设施信息化建设的重要一环，提供了建设国际数据传输渠道以及支付结算系统的"中国方案"，打破境外机构在国际金融网络服务的垄断，减少国内金融体系对 SWIFT 等国际体系的依赖，维护我国金融网络与信息安全。

第四节　小　结

我国经济由高速增长转向高质量发展，金融作为国家经济发展的命脉，实施宏观调控的重要工具，必须坚持夯实金融基础设施，才能保障社会经济稳健发展。金融科技推动金融业态深刻变革，产品创新步伐不断加快，对金融基础设施的支撑能力提出了更高要求。中国外汇交易中心等机构持续加强金融基础设施建设，不断创新标准、方法与工具，丰富交易渠道，开放交易接口，有效提升金融市场服务能力，扩大了我国金融基础设施系统在境内外市场的影响力。新兴电子支付方式不断涌现，社会公众对支付多样性、便捷性、安全性的迫切需求，对支付体系提出了更高要求。中国人民银行实施第二代支付系统建设，并引导和规范支付模式与流程创新，市场涌现出以"龙支付""工银e支付"为代表的一批支付产品，支持二维码、指纹、刷脸、无感等丰富多样的支付模式，着力服务民生，解决社会痛点，助力普惠金融，促进社会经济运转效率提升。为响应国家"一带一路"倡议和"走出去"倡议，银联等机构开展国际金融合作实践，实现了我国金融基础设施和金融标准向境外输出"中国方案"，助力我国金融扬帆出海。

第二章 坚持创新驱动发展，提升科技核心竞争力

互联网时代下的数字化转型是金融机构持续高速发展的必经之路。为了加快数字化转型，金融机构坚持自主创新和架构转型双核发展，从内生动力着手，全面提升金融科技核心竞争力。各金融机构持续推进自主创新，加快创新型自主云体系建设，力争实现核心关键技术的自主研发，满足安全、可控、先进、高效的金融科技建设要求。金融机构积极实践架构转型，通过搭建高效弹性、开放灵活、安全可靠的分布式基础架构，满足敏捷研发和应用扩展的需要，主动探索应用架构转型，促进业务快速、高效、高质发展，通过业务应用模式的创新推动数字化转型。

第一节 加大自主创新力度，掌控关键核心技术

传统金融机构的转型依托于金融科技的支撑，但是在金融科技发展过程中，不仅要强调科技赋能，更要重视自主研发，加大自主创新力度，实现安全可控已经成为各金融机构加强信息科技建设的核心任务。各金融机构积极探索开源技术应用，聚焦IT基础架构自

主化建设，在金融上云势在必行的背景下打造创新型云体系，提升IT基础支撑能力；重点攻关核心技术，实现关键核心技术的自主研发，把握创新主动权和发展主动权，为金融机构长远发展奠定基础。

一、构建创新型云体系，夯实IT基础支撑能力

云计算技术发展已经进入成熟期，金融上云逐渐成为行业趋势。各金融机构基于开源技术进行自主研发和创新，主动探索与互联网交易特征相适应、与金融信息安全要求相匹配的创新型云计算体系建设方案，搭建安全可控的金融云服务平台，构建集中式与分布式协调发展的信息系统架构，进一步提高具有金融特色的云数据中心规模化集中化管控能力、基础架构的软硬件解耦程度以及核心技术的自主掌控能力，更好地适应互联网渠道交易瞬时高并发、多频次、大流量的新型金融业务特征，通过夯实IT基础支撑能力提升金融服务质量，为多个领域提供金融服务的行业云方案，有效拓宽金融服务的深度和广度。

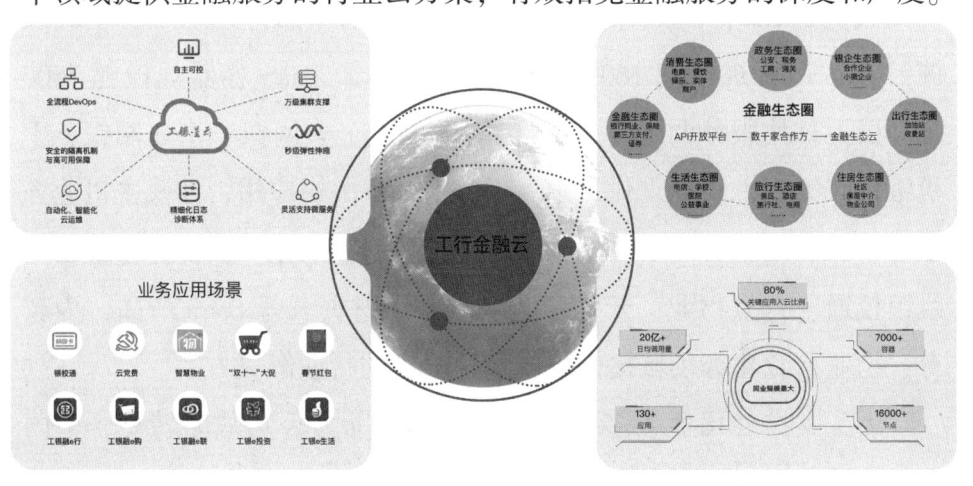

图2-1 中国工商银行金融云

中国工商银行基于开源产品自主研发建设了工行金融云，包括基础设施云 IaaS、应用平台云 PaaS 和金融生态云 SaaS 三大部分。工行金融云推进 IT 资源向快速响应、弹性伸缩、高可用、低成本的云计算环境转型，为客户及交易规模高速发展提供支撑，为突发性业务峰值提供资源保障。

工行金融云具有以下三大特点：一是通过建设新一代基础设施云 IaaS，在开源 Openstack、SDN 基础上自主研发云管平台，大幅度降低了对厂商的依赖，增强了工行对云平台的自主性。二是以开源技术为基础，结合工行特色，自主研发建设企业级应用平台云 PaaS 2.0，实现了集群管理、资源调度、负载均衡、弹性伸缩、镜像、日志和监控等配套能力，建立统一云管平台，提供 DevOps 及开发交付平台。三是基于工行云计算支撑能力，自主研发建设金融生态云 SaaS，为合作伙伴提供 SaaS 软件托管及运营管理服务，为企业客户提供一揽子行业解决方案，构建开放、合作、共赢的金融生态圈。

截至 2018 年年底，工行已有近 50% 开放平台应用入云，基础设施云 IaaS 运行规模超 16000 套，应用平台云 PaaS 容器规模超 7000 个，云上日均服务调用量超 20 亿笔，覆盖个人网银、企业网银、手机银行、第三方快捷支付、纪念币等 137 个关键应用，涉及主机业务下移、互联网金融、合作方和物联网等相关场景；金融生态云已上线银校通、智慧物业、云党费、宗教云、财资云等 SaaS 产品，为教育、物业、党建等领域提供集成金融服务的行业解决方案。

为了支撑公司业务多维发展与创新、助力公司战略转型，中国银联建设了金融云计算平台，实现了云基础资源的集中管理和快速交付，带来了海量和可弹性扩展的计算能力，为公司业务快速发展与持续创新提供支撑。该平台基于开源技术进行自主研发和创新，不仅结合金融行业的高安全、高业务延续性等的特性需求，增强了扩展性、可靠性、管理性、安全性和性能的"五高"特性，还实现了基于 SDN、SDS 等新技术的创新和应用，提高核心技术的自主掌控能力，可为行业提供借鉴价值。

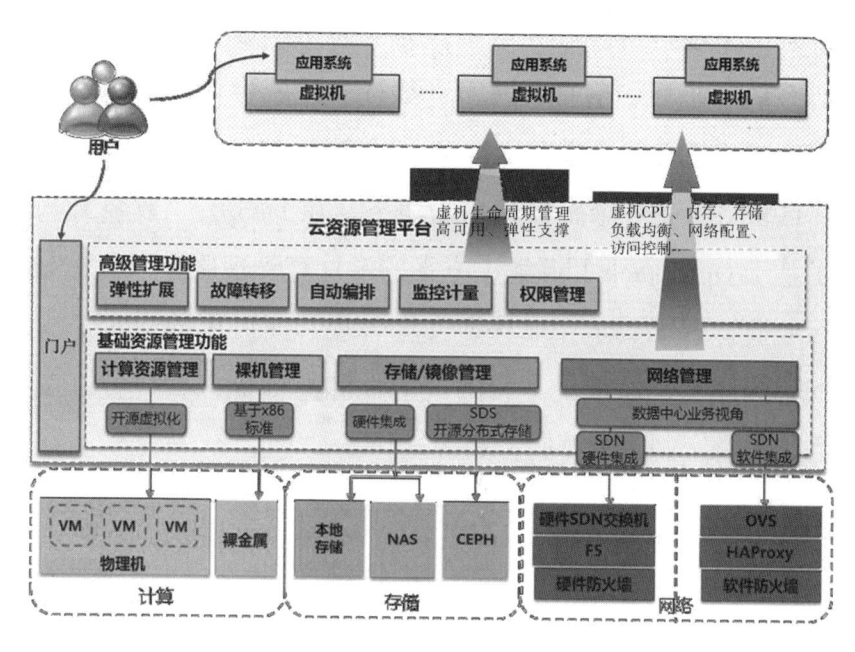

图 2-2 中国银联金融云计算平台

目前，中国银联已经在上海、北京建立了多个云数据中心，规模已达上万个节点，为包括银联云闪付、全渠道、风控等在内的众多业务系统和各家分公司及事业部提供计算资源。金融云计算平台自上线以来运行稳定，日处理数据量已达亿级，实现了资源弹性管理，可按需完成资源的快速弹性扩缩，以应对金融业务的突发激增流量，保障了"62 营销""双 12 营销""春节营销"等大型营销活动的顺利开展。

为了给非银行金融机构、中小企业提供金融信息云服务，兴业银行建设了"中小银行金融云服务平台"，打造了"数金云"品牌，提供从 IaaS、PaaS 到 SaaS 的全方位解决方案，一站式满足中小银行经营所需的必要信息系统。"数金云"在 SaaS 层提供国内领先的、符合银行业监管标准的行业云服务中心，构建面向银行的云端服务，全面提升中小银行科技服务水平，为广大中小银行提供包括银行业务核心系统、柜面、信贷、网银、银行卡、风险管理系统等近百套系统的全方位系统解决方案。在 PaaS 层提供包括人工智能、大数据分析、区块链金融等金融科技前沿服务。在 IaaS 层"数金云"上线推出了基于 OpenStack 开源解决方案的云计算管理服务平台，兼顾各项银行业监管标准要求，在保证安全合规和高可用的同时采用云网融合的架构体系，保证了平台的灵活性和高性能，客户可以按照自己的需求量身定制云计算服务资源。

数金云整体架构

图 2-3　兴业银行中小银行金融云服务平台

目前"数金云"已累计服务上线实施共 208 家中小银行，整合了银行业信息科技服务的各类信息系统，统一对外提供市场化服务，有效降低了中小银行信息科技的成本支出。"数金云"成为了村镇银行信息科技的重要支撑，民营银行信息科技的重要补充和城商行信息科技发展的有利推手。

二、攻克核心技术难点，提高安全可控能力

为实现金融科技安全可控，各金融机构攻坚克难，聚焦核心业务领域，积极稳健地推进关键核心技术的自主研发工作，取得了较好的自主研究成果。核心技术的自主化程度直接影响到金融科技的创新能力，攻克核心技术难点将为金融业务可持续发展提供重要的基础性支持。

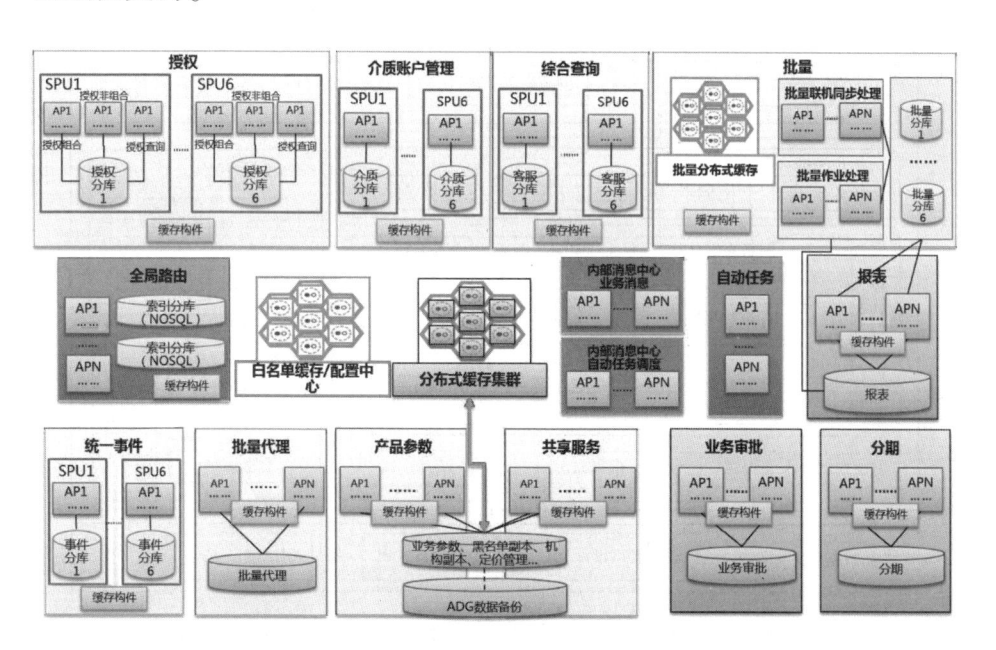

图 2-4 中国建设银行贷记卡发卡主机下移

中国建设银行建设了新一代分布式开放平台，完成了信用卡发卡系统的重构，将建行全部信用卡的交易处理及数据从主机平台迁移至分布式开放平台，并凭借分布式平台的高可用、线性扩展能力和更加敏捷的研发效率，以低成本为核心业务发展提供有力和高效的支撑。

贷记卡发卡主机下移的改造思路是按微服务架构设计理念，将业务功能拆分成六大业务模块，并将每个模块使用分库分表技术按客户维度划分为独立的业务流程处理单元，降低了系统处理的复杂度，增大了并行处理能力。项目采用全局路由和配置中心，保证了系统处理的灵活动态调整以及交易负载均衡；通过共享数据访问机制保证数据的一致性和高可用性；使用分布式消息机制实现交易异步处理，明显提高系统响应速度，可扩展性强。目前，该平台已经在中国建设银行所有分行推广使用，运行稳定、性能优异。

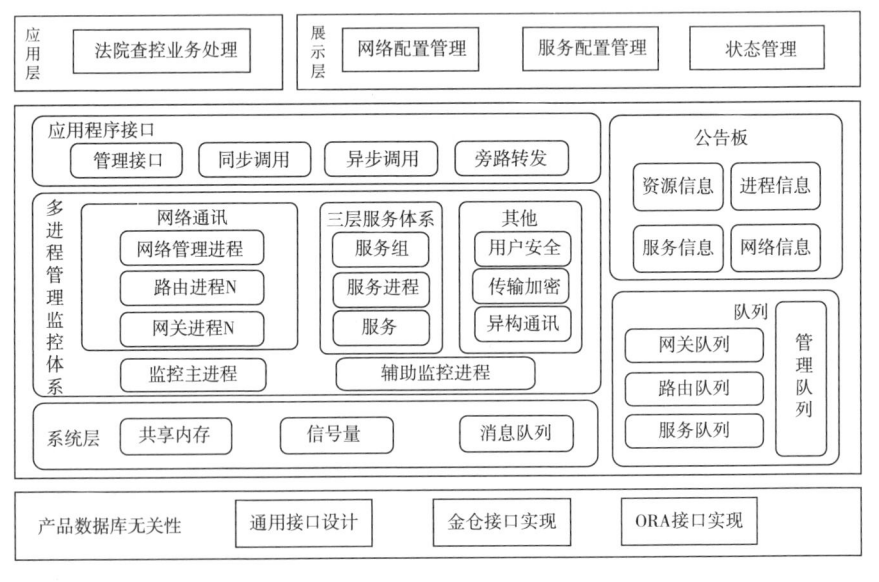

图2-5 中国光大银行基于自主研发技术的国产中间业务云平台

中国光大银行基于自主研发技术建设了国产中间业务云平台，提供了银行联机交易系统整体解决方案，对混合架构模式进行了探索实践，提升系统可靠性，保障关键信息系统的业务连续性。光大银行选取联机交易中间件作为突破口进行自主研发，实现了核心关键技术的自主研发。

光大银行国产云平台建设以法院查控业务为试点成功投产运行，国产云平台的建设对自研交易中间件在银行交易系统中的可替代性实践方面提供了宝贵经验。经过一年多的试运行之后，光大银行已经逐渐将检察院查控、国安部查控、证监会查控、公安部查控等所有司法查控业务迁移到国产云平台，支持总分行查控一体化处理，日处理交易量峰值超过 100 万笔。

第二节 深化 IT 架构转型，增强业务支撑能力

随着业务规模的增长和新技术的飞速发展，为了支撑数字化转型的战略目标，更好地适应生态环境及市场变化，各金融机构积极开展 IT 架构转型，探索架构创新、产品体系创新以及生态创新等领域，构筑高效弹性、开放灵活、安全可靠的技术基础架构，推进应用架构由单一集中模式向双核异构混合模式转型，增强业务支撑能力，满足业务快速、高效、高质发展的需要。

一、深耕基础架构领域，助力业务全面数字化

IT 基础架构作为企业架构的基石，支撑着上层应用架构和业务

架构的建设与发展，促进顶层愿景和战略的顺利实施。在金融业信息化建设快速发展的今天，信息系统规模越来越大，复杂程度越来越高，基础架构支撑能力的重要性愈加凸显，成为全面实现业务数字化转型的关键要素。

中国工商银行基于智慧银行建设的战略目标，采用软件定义理念及技术，以"虚拟化、服务化、智能化、开放化"为核心特征，规划建设了新一代数据中心局域及广域 SDN 网络，并在互联网应用率先试点 IPv6，显著提升了银行网络服务水平。该网络规划具有以下四大特点：一是采用 SDN 的组网技术，解决了传统局域网络下存在的环路、广播风暴等全局性隐患问题，提升了网络可用性；二是通过广域网虚拟化实现不同机构广域网络的物理整合、逻辑隔离，将 SDN 技术应用到广域网，实现高精度网络实时数据监控和智能流量调度，带宽利用率提升；三是通过自研智能运维平台与 SDN 网络对接，实现计算、存储和网络资源的协同管控，灵活适配业务，支持按需敏捷交付、弹性伸缩，业务上线时，网络整体供应时间由 2 周缩短至 30 分钟；四是新网络的路由交换设备均采用国产产品，并使用自研软件产品及国密算法，构建了安全可控的网络体系。

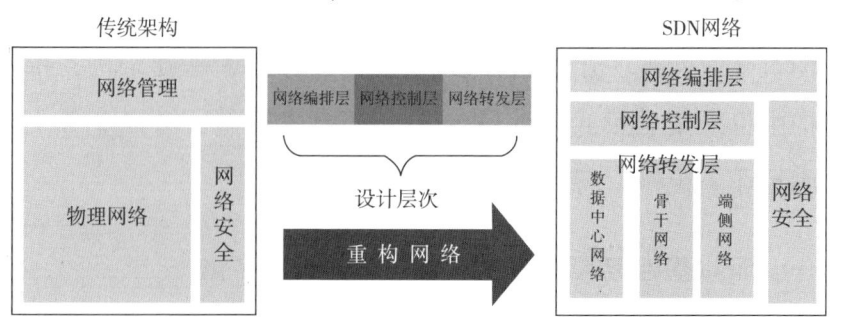

图 2-6　中国工商银行新一代网络规划及建设

中国工商银行新一代网络已完成 7 个数据中心 SDN 资源域建设，纳入管理的网络设备、计算资源超过 20000 台套，供应系统包括个人网银、快捷支付、融 e 联、融 e 购等重点应用。工商银行新一代网络规划的落地实施，不但构建了银行业功能齐全、规模较大的 SDN 网络，同时也是对金融行业基础网络建设领域的又一次探索和创新，为金融同业网络创新发展提供了可参考蓝本。

网商银行可持续演进的云单元架构是在分布式云计算体系下的一次重大基础技术架构的演进实践，其构建了应用与数据的高内聚、高可扩展、高弹性、松耦合的超融合云单元架构体系，具备了全行数据"逻辑集中、物理分散"的跨地域并行计算与快速柔性扩展能力，进一步提升了业务连续性管理水平，同时也解决了传统 IT 架构所面临的容量、容灾、风险、效率和成本等问题，为金融同业向分布式云计算架构转型和持续演进提供了可借鉴的案例。

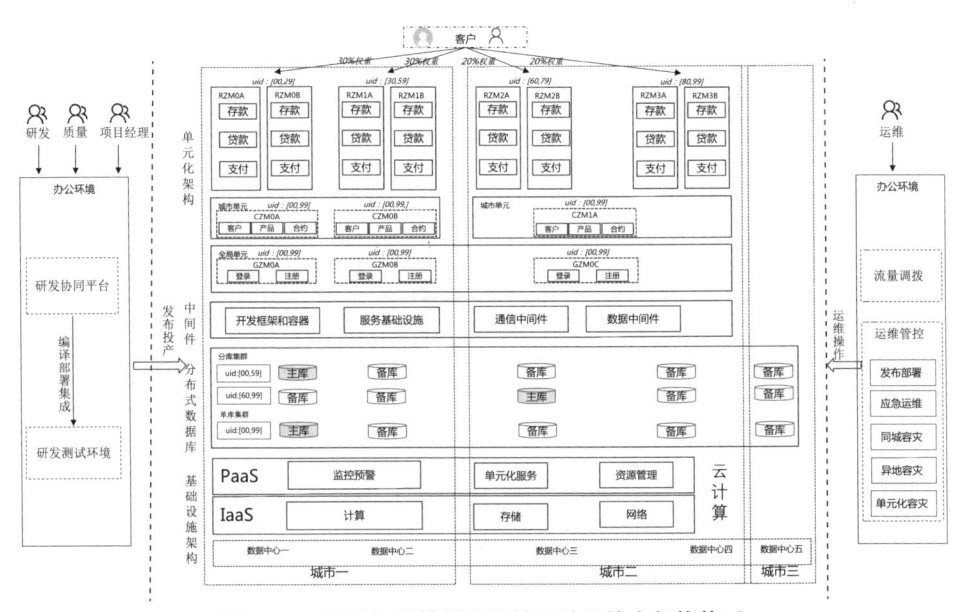

图 2-7 网商银行持续演进的云单元技术架构体系

网商银行云单元技术架构在全行范围内得到了广泛的应用。在产品研发方面，新架构体系显著提升了产品迭代研发和投产的速度，业务创新步伐不断加快。在生产运维方面，新架构体系提供的智能化运维能力，几个人即可完成全行生产运维的日常管理和发布。在系统容灾和应急处理方面，通过云单元架构体系的应急预案管理能力，单元级、机房级别容灾可以做到一键切换，单机房断网执行容灾切换在几分钟内就能完成。通过智能化运维平台所构建的自适应智能容灾功能，可以做到特定场景下的应急处理无人值守。整套架构体系很好地实现了全时对外服务、全链路多活和全业务容灾的金融级综合保障能力，是网商银行业务连续性管理水平的持续提升的重要支撑和可靠保障。

为支持银行信用卡核心系统向分布式架构迁移，中信银行通过整合敏捷开发和智能运维需求，自主构建金融企业级的容器云平台，支持持续集成、测试驱动、自动化发布、服务可管理和智能运维，交付能力得到显著提升。该平台基于容器镜像部署，相比虚拟机部署节约资源达 40% 以上，部署效率由原有数小时缩短到数分钟；基于时序数据实施监控告警，实现分布式架构下微服务的有效管理，有效提升中信银行分布式架构下微服务治理能力。云平台自投产以来，运行稳定，性能良好，已管理业务系统 73 套，微服务 401 个，API 接口 28876 个，纳管虚拟机资源 5300+ 台。

中国邮政储蓄银行基于微服务架构搭建了 Java 开发平台，具备注册中心、配置中心、日志中心、监控中心、API 网关及 DevOps 等功能，实现了系统弹性伸缩、服务动态部署。Java 开发平台基于分布式微服务架构，融合 Spring Cloud 技术体系，发布中心采用 Jenkins

等技术进行服务的持续集成、部署和发布,底层基础环境采用 docker、kubernetes 容器技术;除了集成开源技术的最佳实践外,还自主研发了基于 OAuth2 协议的统一认证中心,提供了资源管理、权限、用户以及角色管理等业务应用基础框架。截至 2018 年年底,平台已支撑了邮储银行交易类、渠道类、营销风控类和互联网等多个领域总分行应用系统的建设。此外,平台提供了大量组件的复用和共享。中国邮政储蓄银行运用统一开发平台进行应用的开发,提升开发效率、做到快速响应市场,加速达成 IT 资产沉淀和复用目标,实现核心技术自主研发。

北京银行重构了传统信息系统技术架构,采用分布式技术,成功建成企业级两地三中心多活的金融级分布式 NewSQL 数据库。该数据库具备以下五大特点:一是实现数据库性能的线性可扩展,通过增加硬件资源,在不间断服务的情况下,实现性能动态扩展;二是建成两地三中心多活模式的分布式数据库,采用五副本模式实现服务器级、机架级、中心级容灾,实现 RPO 为零,RTO 秒级的自动切换策略,保障服务高可用;三是具备事务 ACID 特性支持,满足交易的强一致性要求,保障金融级应用安全,使得对接银行核心类业务成为可能性;四是有效屏蔽分布式引入的复杂性问题,实现全透明设计原则,大幅降低应用系统对接成本及运营成本;五是整合系统资源,进行数据库云化部署,实现硬件层、软件层资源隔离的多用户管理模式,有效降低硬件资源成本和人工运营成本。至今,北京银行将多个重要信息系统对接到分布式 NewSQL 数据库,包括网联支付清算平台、银联无卡快捷支付平台、减值系统、金融服务互联平台、金融渠道开放平台、网贷平台等,上线以来,承接了多家第三方支付机构业务、线上金融业务、网贷业务等，表现平稳。

二、推动应用架构转型，支持业务持续创新

应用架构描述了IT系统功能和技术实现的内容，在业务架构和基础架构之间承上启下，向上承接了企业战略发展方向和业务模式，向下规划和指导企业IT系统的技术发展路线。随着IT基础架构的发展，应用架构转型也要与时俱进，支持业务持续创新。从当前技术发展整体趋势来看，集中式与分布式相结合的架构体系可较好地契合与支持金融创新需求。为促进数字化转型，推动信息系统从传统集中式架构为主的架构体系，向集中式和分布式架构有机融合的架构体系进行转型，灵活、快速地支持业务持续发展和创新，是当前金融业应用架构转型的工作重点。

国家开发银行运用云计算、人工智能、分布式等技术，对助贷系统群进行全面升级，具备以下五大特点：一是以分布式架构转型为主要手段，对助学贷款系统进行服务化改造；二是引入基于国产数据库中间件的分布式数据库，与原有集中式数据库并存形成融合数据库，突破数据库拓展瓶颈；三是构建多维度的分布式服务管控机制，更好地实现流量控制、应急处置、服务拓展；四是强化电子文件多层级数据缓存、备份机制，强化数据完整性校验，优化文件处理效率；五是引入智能客服，依托语音识别、自然语言理解，快速识别客户意图，提高客户满意度的同时减轻人工客服的工作压力。

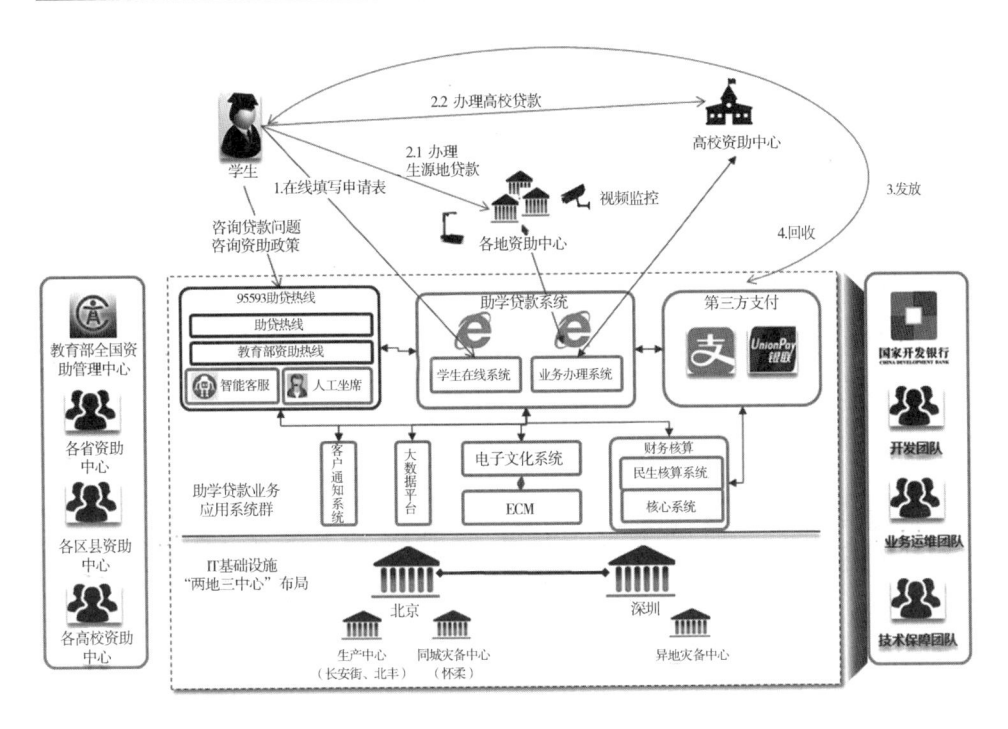

图2-8 国家开发银行分布式架构转型实践——助学贷款系统群重构

国家开发银行助学贷款系统2018年共签订电子合同近350万份，占全部合同的87%，合同电子化业务实现全国2208个县资助中心全覆盖，合同电子化后每笔业务受理时间从5~8分钟缩短到3~5分钟，显著提高了受理效率。机器人智能客服将客户服务时间扩展到7×24小时，相当于增加16~20名人工客服人员，有效提高服务效率和接待能力。

交通银行通过双核异构应用架构体系的建设，构建了主机+开放融合的多态架构，建立了全核心业务都能够在主机和开放上并行运载机制，在银行核心业务系统由主机集中式架构向分布式架构转型的征途上迈出重要一步。双核架构体系具备以下三大特点：一是在开放平台的数据管理与存储上采用的是自主研发分布式数据库，使用全局中央锁多记录版本控制机制,通过自主研发的实时同步技术,保证数据的最终一致性;二是系统实现了可按流量、客户、交易等多维度、多规则的安全智能业务管控,保证主机和开放的负载均衡,屏蔽集群多态运行对关联系统的影响;三是实现报文回放、业务数据自动比对的测试框架,主机与开放的交易全路径全节点的准实时跟踪,搭建全视图交易细节的展现以及完整的预警平台。

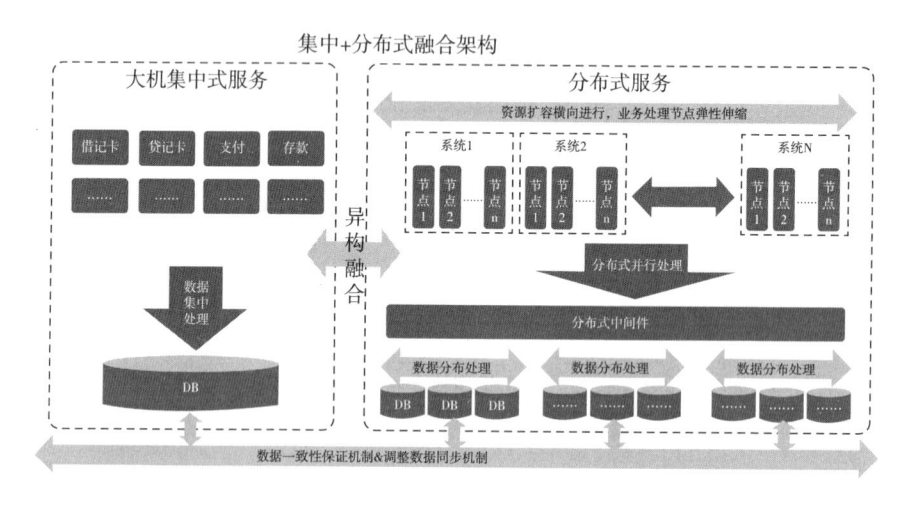

图 2-9 交通银行双核异构应用架构体系

截至 2018 年 3 月,通过双核架构体系的建设节约了大量主机硬件资源,交易支撑能力达到 30000+ TPS,实现了银行应用架构由单一集中模式向双核异构混合模式的稳步转型,全面提升了交通银行服务研发能力、技术支撑能力,探索了大型商业银行应用架构转型发展的新路径。

交通银行研发了基于微服务架构的全线上智能贷款平台,通过大数据分析、信贷决策引擎和智能定价引擎技术,在减少银行获客成本的同时,更高效地实现个人和小微企业贷款在线申请、授信自动审批、在线还款、贷后自动预警等功能。全线上智能贷款平台具备以下四大特点：一是基于微服务架构，采用面向领域的设计模式和敏捷理念，快速响应市场需求；二是采用大数据分析、机器学习算法、信贷决策模型、流程引擎和智能定价引擎技术，灵活配置流程、服务和规则，支持快速业务创新；三是规范各类平台的对接标准，灵活支持各类渠道接入；四是采用分布式架构以及缓存机制，实现高并发、高吞吐的数据处理能力。

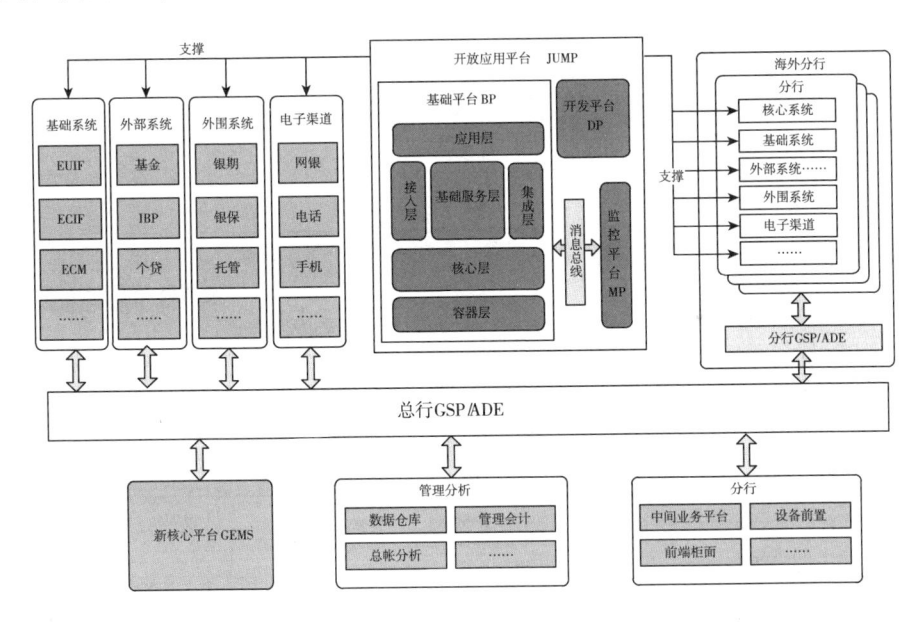

图 2-10 交通银行基于微服务架构的全线上智能贷款平台

智能贷款平台上线以来，业务覆盖了境内 36 家分行。截至 2019 年年中，"线上税融通"上线半年授信客户将近万户，授信总额 40 多亿元，累放 60 多亿元，实现了业务快速发展，风险可控的优异成绩。

中国金融认证中心建设了基于微服务架构的金融支付平台，支持多种线上支付方式，提供安全、快捷、准确的资金结算服务。金融支付平台具备以下两个特点：一是基于高性能的分布式服务框架 Dubbo 与金融级的消息中间件 Rabbit MQ，构建了具有强大横向扩展能力的分布式微服务协调架构，提高业务受理能力，满足金融级应用可用性、一致性、稳定性要求；二是采用"水平切分 + 前后台分离"设计思想，搭建了"MySQL + MongoDB"的数据治理模型，实现了数据存储层水平扩展能力，提供了数百 TB 级数据治理能力的支持。

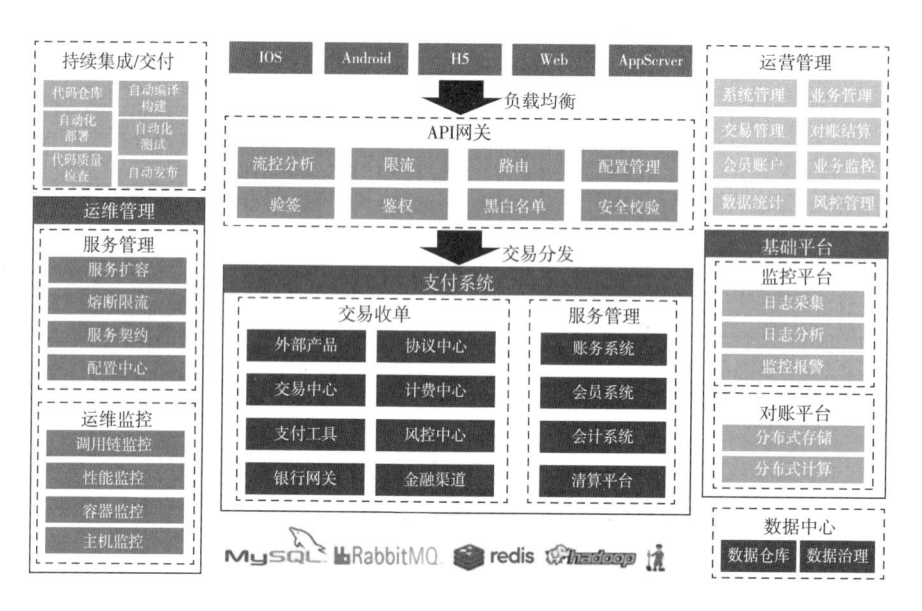

图 2-11　中国金融认证中心基于微服务架构的金融支付平台

金融支付平台自上线运行以来，为数千家客户提供了稳定、高效、安全的支付结算服务。截至 2018 年 12 月，金融支付平台共处理有效交易请求 236 亿笔，总金额 2.8 万亿元，系统并发处理峰值每秒近万笔。金融支付平台极大提升了支付系统的性能，为客户提供了更优质的产品和服务。

为探索核心系统的未来演进方向，邮储银行对基于 X86 开放平台的分布式互联网业务核心系统架构进行了深入研究。该架构具备以下三大特点：一是在低成本、标准化的硬件和开源软件的基础上实现了系统能力的快速扩展，通过采用数据复制、多副本、读写分离等技术弥补基础硬件的不足，满足了核心系统高性能、高可用和容灾备份等要求；二是通过采用私有云部署和两地三中心容灾双重保护，大大提高了互联网业务核心的安全性；三是采用 BASE 理论、SAF 机制、补偿机制和差错对账机制解决分布式系统的一致性事务管理要求。

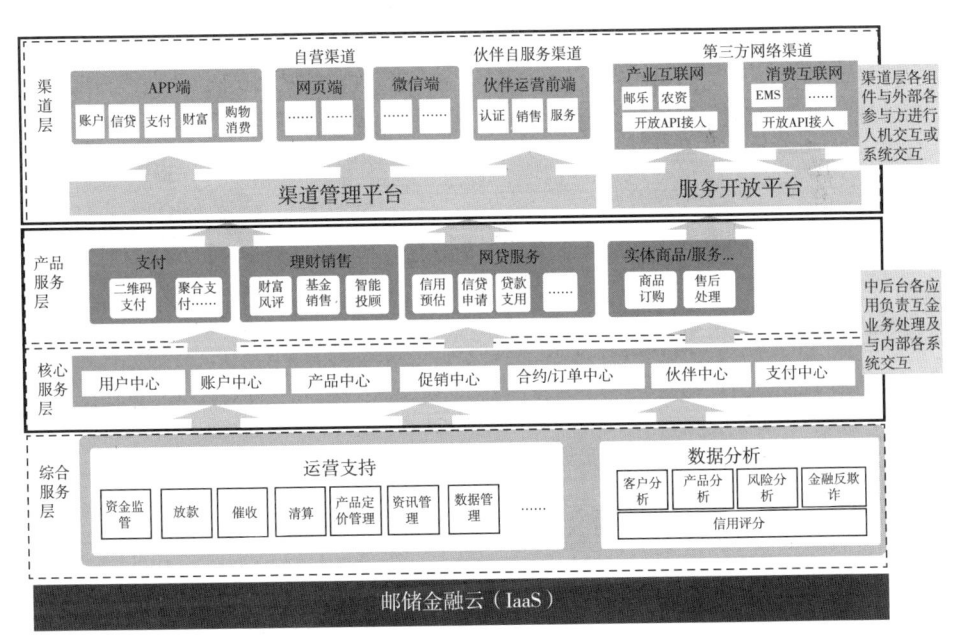

图 2-12　邮政储蓄银行分布式互联网业务核心系统架构

互联网业务核心系统的一期建设了核心服务层、运营及监控框架，能够支持理财、支付和贷款等各类互联网金融业务的开展。

上海浦东发展银行在"高绩效银行"思路的基础之上创新突破，规划并践行"开放银行"设计理念，完成了新一代信息系统建设。新一代信息系统具有以下技术特点：一是基于"开放银行"的理念，构建面向生态的开放式架构，解除对外的信息壁垒；二是基于"高绩效银行"的理念，构建面向服务的、"分销—枢纽—工厂"逻辑分离的松耦合弹性应用架构，实现外部差异化、内部标准化；三是以客户为中心的设计思路贯穿整个架构，全面服务于客户，实现客户体验、客户服务的高度差异化；四是以数据治理为核心的数据架构体系，围绕数据标准、质量、模型、分布和生命周期开展规范管理，提升全行数据资产质量，促进数据共享和价值创造；五是基于自主研发的安全架构体系，有力支撑信息安全和业务连续性。

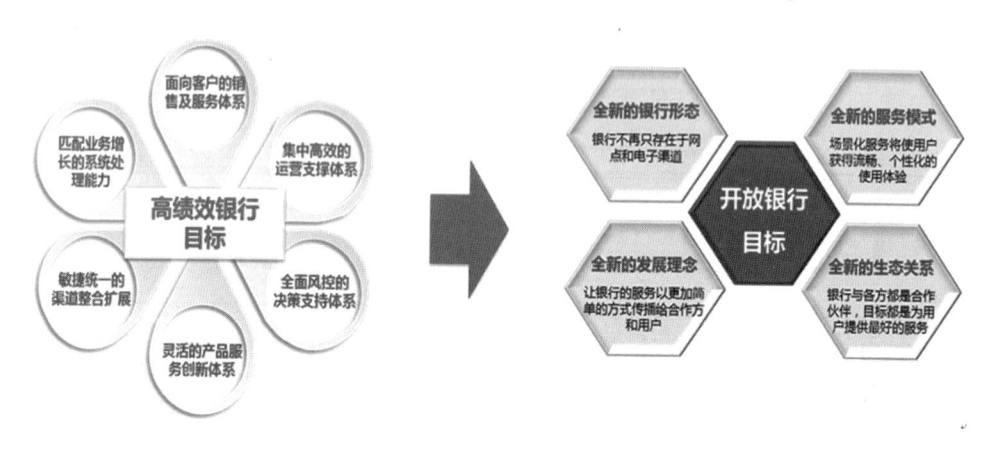

图 2-13 上海浦东发展银行新一代信息系统

上海浦东发展银行新一代信息系统金融服务全面对外开放，与合作伙伴高效协同服务于客户，同时大幅降低合作成本。基于 API 金融合作新模式，已通过开放生态场景接入的合作伙伴近 90 个，共计发布 230 个 API 服务，日均交易峰值超过 100 万笔，实现了流量经营的需要。在 IT 架构方面，企业服务总线单笔业务内部处理时间约 5 毫秒，成功率高达 99.99% 以上，日均处理接收报文 7.2 亿笔，实现投产至今无故障、无停机、7×24 小时无性能瓶颈"高速公路"持续保障对外稳定服务。

招商银行分布式交易平台，采用了分布式微服务部署架构，平台具备以下五大技术特点：一是通过高性能的运行框架实现了统一的通讯接入层，提供了各种报文格式的转换；二是统一实现了运行调度层、事务管理以及丰富的可扩展基础功能模块，缩短开发周期，提高开发效率；三是基于服务中心来管理平台中的所有服务，提供统一的资源管理、服务注册、服务发现、数据路由功能；四是开发了覆盖软件过程全生命周期的设计开发管理中心，涵盖了设计管理、开发管理、编译构建、发布管理等功能；五是建立统一的监控中心，通过图表等可视化的形式直观展示系统的运行情况，以便及时发现系统异常，保障系统稳定运行。

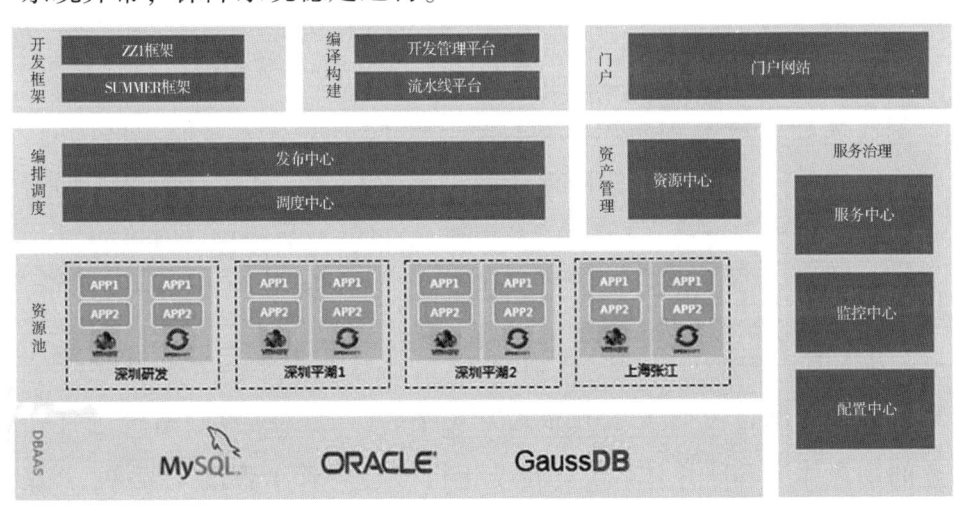

图 2-14　招商银行分布式交易平台

招商银行已经有 34 个应用系统在分布式交易平台上稳定运行，高效支持了信用卡、零售、对公等多个业务领域的发展，后续将持续推广该平台的应用。

基于"技术平台对接，市场客户共拓，交易信息共享"的建设思想，华夏银行建设了高并发网络借贷存管系统，采用分布式架构和数据库，利用金融云实现部分网络部署，构建"高可用、易扩展、低成本"的分布式系统，提供客户开户、借款还款、资金监管等综合性金融服务，实现合规、安全、高性能、高可用的 P2P 资金存管系统。该系统上线以来，发展迅速，客户反映良好，目前已全量对接数家主流平台，开立客户数、贷款余额、存款账户余额及存管手续费收入均实现稳固增长。

中国民生银行建设了电子渠道 PaaS 平台，并基于此平台进行了手机银行业务功能开发实践。该平台对客户端、前端、服务端的技术框架进行了标准化的统一，基于微服务架构思想建设了以业务属性维度划分的业务分片，提供了覆盖微服务开发态到运营态全生命周期的持续交付体系，并将开发团队按照微服务模式进行重新组织，在整体提升该行电子渠道交付产能、管控水平及运营能力的同时，也为银行业采用微服务架构理念建设高安全性、高质量的电子渠道提供了重要实践经验。通过电子渠道 PaaS 平台的建设，显著提升了民生银行电子渠道开发效率，降低安全开发成本。

浙商银行建设了互联网核心系统。在技术上采用分布式系统架构，基于开源自主研发了分布式开发平台。互联网核心系统包含独立的用户体系和账户体系，与传统银行核心构成"双核"架构，"双核"之间通过服务网关和企业服务总线连接整合为统一的大系统，服务共享、互为补充，以利于各类金融业务的关联、组合与创新。互联网核心系统已在浙商银行互联网金融业务场景中全面推广，包括线上获客、产品销售、营销活动等在内服务用户数量达240余万户，金融产品交易200余亿元，开通电子账户60余万户，交易量峰值达到100万笔/分钟。通过对外能力开放平台OpenAPI接入的合作方企业达到1000余家。

第三节　小　结

为落实国家数字经济发展战略要求，各金融机构坚持推进自主研发，加大自主创新力度，积极实践架构转型，提升金融科技核心竞争力。金融业务快速发展，金融科技安全可控要求不断提高，对金融IT架构的基础支撑能力提出了新挑战。中国工商银行等机构基于开源技术进行自主研发，建立创新型云技术体系，自主搭建安全可控云服务平台，提升IT基础支撑能力，以低成本和更灵活的方式为业务发展提供有力和高效的支撑，从而构建开放、合作、共赢的金融生态圈，丰富金融服务场景，拓展金融服务边界。在核心业务领域，中国建设银行通过攻关贷记卡发卡主机下移实现关键技术自主创新，中国光大银行选取联机交易中间件作为突破口进行自主研发，搭建了国产中间业务云平台，以点带面，打破技术桎梏，把握创新主动权和发展主动权，让安全可控的核心技术成为推动数字化转型的中坚力量。互联网金融的发展使银行交易规模爆炸式增长，传统银行IT架构已经难以满足生态化和场景化的金融服务发展需求。

各金融机构积极推进IT架构转型，浙江网商银行等机构通过构筑高效弹性、开发灵活、安全可控的分布式基础架构，满足敏捷研发和应用弹性扩展的需要；交通银行等机构通过实施由单一集中模式向双核异构混合模式的应用架构转型，打造卓越的金融服务，不断构建安全、可控、先进、高效的金融科技应用体系，促进业务快速、高质量发展。

第三章　深化金融供给侧改革，增强服务实体经济能力

改革开放以来，我国金融业发生了历史性变革，取得了历史性成就。特别是党的十八大以来，我国有序推进金融改革发展，金融业保持快速发展，金融产品日益丰富，金融服务普惠性不断增强。但也要看到，我国金融业市场结构、经营理念、创新能力、服务水平还不适应经济高质量发展的要求，仍然存在诸多矛盾和问题。推动金融业健康发展，更好发挥金融在经济社会发展中的重要作用，必须深化金融供给侧结构性改革，使金融更好服务实体经济、服务经济高质量发展。为此，我国金融机构加快金融供给侧结构性改革，依托金融科技创新给银行业带来的巨大机遇，紧随国家普惠金融的战略规划，寻找新的商业模式和经营空间。着力解决资金"脱实向虚"，或在金融体系内空转、小微企业和民营企业融资难融资贵等突出问题，把更多金融资源配置到经济社会发展的重点领域和薄弱环节，更好地满足人民群众和实体经济多样化的金融需求。

第一节 拓宽金融发展路径，满足实体经济多元需求

国内金融机构依托金融科技，围绕支持服务经济发展和满足人民群众金融需求，建设智慧金融业务发展的新蓝图，探索新金融发展路径。为解决民生热点问题，共建人民美好生活，金融服务走出银行网点柜台，深入社会各个领域，广泛融入了住房、交通、教育、医疗、养老等生活场景，从以前被动的等待客户上门的服务，变为主动式的、可随处接触式的、与各种生活方式融合一体的服务，为人民群众提供触手可及、无处不在、精准直达的温暖服务。

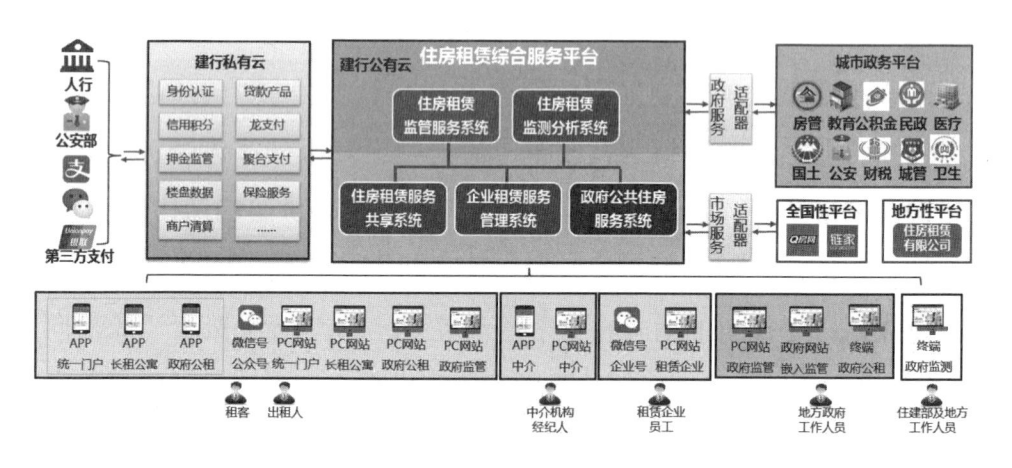

图3-1 中国建设银行住房租赁综合服务平台

一、推广金融服务渠道，打造衣食住行新范式

习近平总书记在党的十九大报告中指出，我国应加快建立多主体供给、多渠道保障、租购并举的住房制度。作为在住房金融领域

有30多年积淀的国有大型银行，中国建设银行将共享经济理念与金融科技相结合，形成推动住房租赁市场发展的整体解决方案，以搭建住房租赁综合服务平台为切入点，着力打造规范的市场基础，推动构建完善的住房租赁市场服务体系。住房租赁综合服务平台包括监管服务、监测分析、企业租赁、公租房、租赁服务共享五大系统，将政府各项政策规定、制度规则和监管要求嵌入系统流程，覆盖政府、企业、个人各类租赁房源，涵盖市场各主体需求，并协助住建部制定了住房租赁信息服务与监管平台技术规范和基础数据标准平台。

住房租赁监管服务系统是平台的核心，该系统连接城市政务平台和市场各类交易平台，提供房源验真、合同网签、合同备案、押金监管等服务，帮助政府规范管理市场所有交易主体行为，确保房源和交易真实，为政府管理市场提供手段和工具。监测分析系统以监管系统数据为基础，结合建设银行楼盘大数据及住房租赁指数，通过数据统计分析，实现对全国住房租赁市场供需、市场主体、市场异动及市场走势等数据分析和动态监测。企业租赁系统服务于租赁企业运营管理，提供项目运营、物业管理、租客管理等功能，解决了企业自建系统成本高、获客难度大等问题。公租房系统服务政府公共住房管理部门，为政府管理公租房提供全流程系统服务。租赁服务共享系统为中介和个人提供房源发布、房源搜索、网上签约、合约备案、押金监管、租金支付、税费缴纳等全流程规范服务，并与房屋产权登记和身份信息系统互联，确保房源、出租人、承租人的真实性，为中介和个人开展租赁交易提供安全的交易环境，杜绝黑中介、假房源。住房租赁监管服务系统使用了4种不同的新技术应用：一是利用云计算实现了 300 余个城市系统的云部署，可节约大量系统资源，并提供金融级安全保障；二是利用大数据技术，采集 64 万个小区近亿套房屋的楼盘数据，整合建设银行房贷和押品数据；三是利用区块链技术建设住房链，建立了平台互信机制，实现房源信息、租赁信息、合约和支付信息的同步；四是利用物联网技术建设智能管控平台，接入门锁、水电表等智能家居设备，提供智能服务。

住房租赁综合服务平台上线后，迅速覆盖全国 300 多个地级及以上行政区。截至 2018 年年末，在全国 338 个地级以上行政区上线至少一个系统的有 313 个，应用效果显著。其中：监管系统已上线 288 个城市，并覆盖全部发达县域，完成房源核验 334 万笔，合同网签 21 万份，合同备案 28 万笔，累计上线房源 860 万套，其中公租房源 366 万套，企业房源 361 万套、中介和个人房源 59 万套，实名注册个人用户数 1120 万户，入驻企业机构 9000 多家。该平台帮助政府把市场规范管理起来的同时，有效吸引各类主体，交易日益活跃，市场作用和政府管理有机统一的市场服务体系逐步建成。

人民银行杭州中心支行、中国银联浙江分公司与杭州公交集团、杭州地铁集团秉承以普惠百姓为前提，以公共出行为基础，以银联支付为渠道，以用户体验为核心，以银企联动为纽带，以多方共赢为宗旨的理念，共同建设了基于非接多介质联机交易的应用，简称为"杭州模式"。"杭州模式"充分发挥了参与各方的优势，带动传统的公交地铁运营模式向精细化运营方向转型，切实提升城市交通智能管理水平，促进智慧城市发展。基于非接多介质联机交易的公交地铁应用实践具有支持方式多、安全等级高、交易速度快、交易成功率高、系统稳定、用户体量大、用户体验好、运营难度小等特点。"杭州模式"有效提升了移动支付产品的竞争力和用户体验，不仅为移动支付行业应用打造了重要的典型场景，助推移动支付便民示范工程建设工作，而且增强了银行卡产业各方的信心。截至2018年年末，杭州公交集团下辖700余条线路、8500辆公交车已经全面开通受理"杭州模式"，实现交易1.18亿笔。"杭州模式"将金融服务深入公共交通领域，为社会公众提供更加安全规范、便捷高效、多元化的金融服务，并不断推动普惠金融向纵深发展。

二、优化金融资源配置，践行绿色金融新理念

中国人民银行发布的《中国绿色金融发展报告（2018）》指出，绿色金融在自身快速发展的同时，其社会和环境效益也进一步显现。作为中国首家赤道银行，兴业银行深耕绿色金融十余年，着力服务实体经济、支持生态文明建设，建设了绿色金融业务系统。该系统实现了包括客户管理、业务管理、风险管理、数据管理、信息管理、综合管理等6大功能，提升了绿色金融业务办理效率和专业化水平，促进绿色金融业务快速规范增长，增强了客户体验。系统借助数据分析、挖掘客户需求，提高服务质效，极大提高了绿色金融业务办理、数据统计等工作效率，并为数据挖掘、分析与运用打下了扎实基础；环境与社会风险管理、违法违规客户管理等功能，规避了大量业务风险，保障资产质量，同时有助于调整资产结构，提高"绿化率"。截至2018年年末，绿色金融客户12143户、业务余额8449亿元，实现了年均30%以上的复合高增长，同时贷款不良率远低于兴业银行全行平均水平。

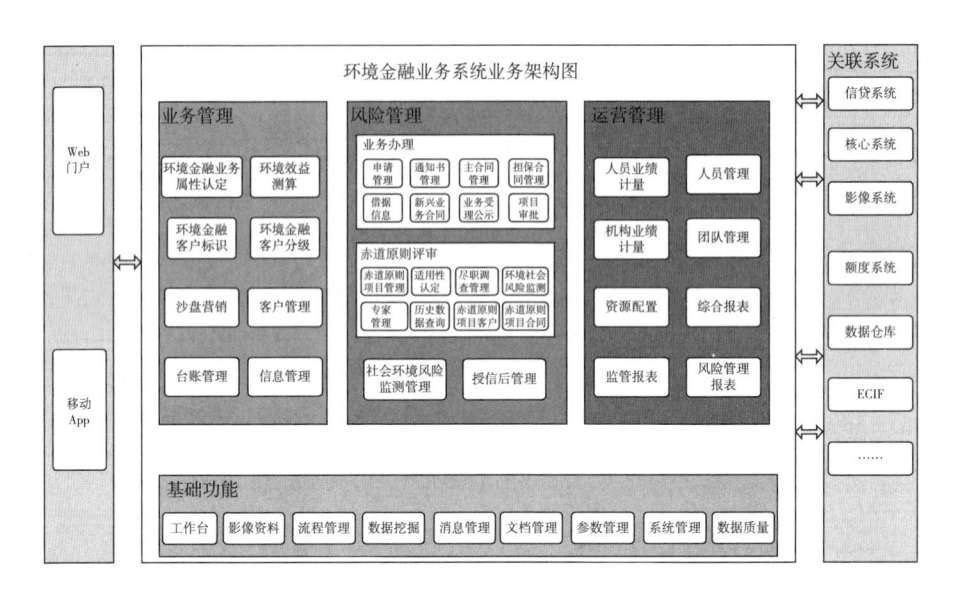

图 3-2　兴业银行绿色金融业务系统

兴业银行绿色金融业务系统，是由金融机构自主研发的绿色金融IT支持平台，也是目前国内金融机构功能最为完备的绿色金融专业系统，填补了国内金融机构IT系统支持绿色金融业务的空白，具有重要的示范意义与推广价值。通过该系统的环境与社会风险管理功能，深入践行赤道原则理念，对融资对象进行全面的环境与社会风险评估，主动退出各类环境不友好项目，协助客户提高环境表现，主动披露环境信息，切实履行社会责任。系统上线后，促进银行各项资源向绿色领域倾斜，提高工作效率，向绿色产业提供更好的金融服务，是支持生态文明建设、服务实体经济、推动各项绿色产业发展政策落地的良好实践。截至 2018 年年末，兴业银行所支持的绿色金融项目，实现在我国境内每年节约标准煤 2979 万吨，年减排二氧化碳 8416.87 万吨，年减排化学需氧量（COD）98.34 万吨，年减排氨氮 15.90 万吨，年减排二氧化硫 87.79 万吨，年减排氮氧化物

7.87万吨，年综合利用固体废弃物 4543.75 万吨，年节水量 40978.19 万吨，相当于关闭 193 座 100 兆瓦火力发电站，10 万辆出租车停驶 40 年。

第二节 增强惠民服务能力，赋能普惠金融提质增效

随着互联网时代的深入发展，数字化技术赋予了普惠金融全新的时代价值和丰富内涵，拓展了普惠金融的广度和深度，创新了普惠金融的风控模式，改变了普惠金融银行和客户之间的互动范式。银行业秉持科技创新、普惠共享、协调发展及深化对外开放的理念，发展以人民为中心的新金融，着力解决社会的痛点和难点问题。互联网信息化传播的特性打破了传统金融受制于物理网点的局限，可以从广度上渗透到任何网络普及的区域，使金融资源的跨界快速流动成为可能。从宽度来看，互联网金融降低了普惠金融服务的准入门槛，其小额、大众、平民、长尾化的特性具备了明显的普惠特性，解决了"融资难、融资贵"的社会问题。

一、聚焦信贷融资领域，提升"小微"服务精准度

党中央、国务院高度重视普惠金融事业，党的十九大、全国经济和金融工作会议、全国"两会"均作出普惠金融战略部署。国务院、人民银行、银保监会等制定多项普惠金融发展配套政策，传递了清晰的国家要求和政策导向，普惠金融面临着前所未有的政策机遇和发展环境。

中国建设银行响应国家号召,明确提出普惠金融发展战略,进一步确立普惠金融业务发展的政策支持环境,较早启动了零售化信贷模式转型,树立普惠金融服务品牌,真正服务实体经济,为金融机构无法覆盖到的广大基层农村农民客户提供"金融下乡"服务。中国建设银行根据普惠金融发展战略,明确了两大普惠金融建设目标:一是构建并完善建信乐业普惠金融综合服务平台;二是持续进行普惠金融应用场景的拓展,为社会各阶层提供优质普惠金融服务。

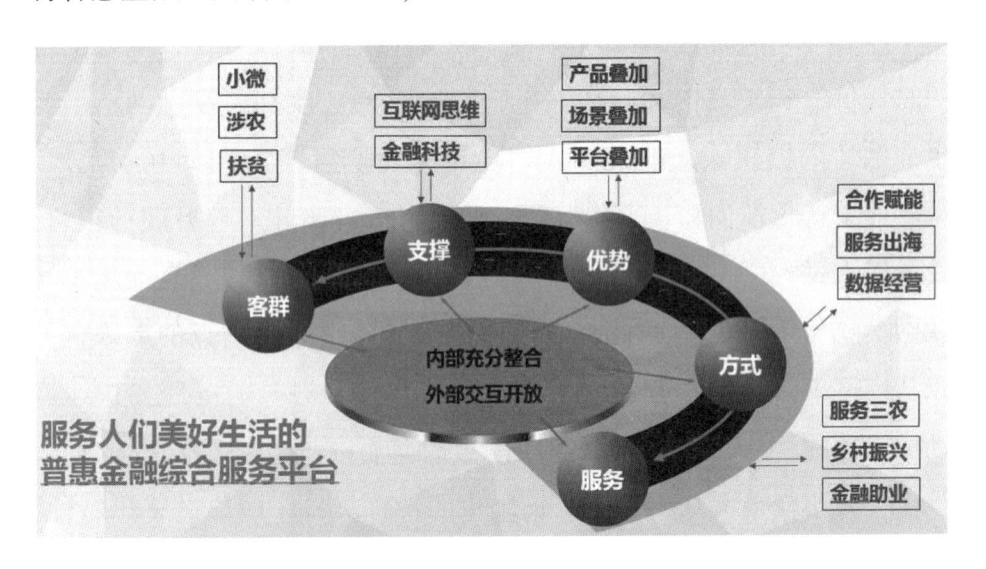

图3-3 中国建设银行普惠金融综合服务平台

为解决小微企业融资难的问题,中国建设银行通过最新科技手段和数据化应用,持续提升普惠金融IT服务能力,围绕小微、涉农、双创、扶贫等领域,为社会各阶层客户提供更优质的普惠金融产品。依托建信乐业平台,快速实施普惠金融服务应用场景的推广,服务社会大众。为更好地服务农村普惠金融,中国建设银行通过建信乐业普惠金融综合服务平台,支持和推进互联网"轻终端服务+全周期线上管理+第三方合作共赢"模式在县域农村金融服务的落地，使得"裕农通"服务点拓点速度大幅提升，服务点质量显著提高，员工体验持续改善，经营分析有效加强，远程巡检更加便捷。该平台采用互联网、大数据、人工智能等科技手段，通过多渠道全流程部署，实现了社交获客、场景获客、智能精准营销等开放式获客模式；通过将银行服务嵌入第三方应用场景，整合内外部产品、场景、平台、数据等资源，构建了普惠金融生态圈；依托大数据技术，建立了普惠金融个性化服务体系；应用知识图谱和图挖掘技术，构建了"风险传导"和"反欺诈"等模型，实现了全生命周期的智能风控体系。

中国建设银行普惠金融的实施策略，是面向普惠金融社会整体客群，对客群覆盖广、业务规模大、数据质量优、推广价值高的场景进行梳理和识别，在普惠金融整体框架下，构建专业化普惠金融平台和渠道，陆续推出"裕农通"和"惠懂你"两个产品。其中"惠懂你"主要服务于小微企业，"裕农通"主要服务于农村的普惠金融客户。建信乐业平台投产上线后，有力支持了中国建设银行普惠金融战略的落地实施。截至2018年12月末，中国建设银行"小微快贷"授信金额3608.4亿元，贷款余额2831.8亿元，授信客户数45.2万户、贷款客户数37.7万户。作为服务"双小"客户的重要渠道，"惠懂你"在获客和业务增长方面起到重要作用。截至2018年12月末，小微企业认证客户69.7万，占全行小微企业客户的21%，并保持每月35%以上的增长率。

汽车供应链平台实现了融资、还款、押品管理的自动化操作，改善了供应链融资的整体客户体验，减少汽车销售商在预付融资业务中频繁的融资申请、打款提货带来的繁重操作及银行端繁复的押品、敞口台账维护带来的操作风险。但由于授信评审、风险检查等环节还需要大量的线下人工操作，让无法在全国遍布网点的商业银行难以有效地推广融资业务，成为供应链融资大面积推广的桎梏。为解决上述问题，恒丰银行将消费金融平台使用的技术和模式应用到传统的汽车预付贷金融供应链平台中，通过互联网技术完成授信客户的全线上化、智能化操作，完成了传统供应链系统向普惠金融服务平台的转换。通过新平台的实施推广，一家分行能够服务遍布在全国各地的中小微客户，使缺乏专业化人力的分行能够实施预付贷业务。恒丰银行全流程线上化汽车供应链融资平台使用了评分卡、人脸识别、电子签名、电子合同处理、外部大数据采集处理等技术，将各类供应链金融服务模块化、微服务化、引擎化，对客户的风险评级和额度测算，对外部数据的清洗归并，将业务产品属性信息参数化、模板化，融入产品工厂的概念，为城商银行做全国融资模式提供了一种新思路，为中小微企业融资难提供了一种解决办法。

二、拓展乡村金融网络，扩大"三农"服务覆盖面

普惠金融是乡村振兴的重要赋能者之一。乡村振兴战略目标的实现必将是一个长期的过程，需要乡村的产业、环境、人文等各方面积聚内在力量共同发展。普惠金融需要在其中建立起可持续的金融服务体系和良性的金融生态，以满足乡村振兴战略中的有效需求。如何强化金融服务意识，下沉经营重心，加大对零售客户的服务力度，使金融科技发展成果更多地惠及民生，尤其是向"三农"和偏远地区、深度贫困地区提供安全、便捷、高效的、特色化的金融科

技服务，突破金融服务"最后一公里"制约，是摆在金融从业者面前一项重要的课题。

作为以面向"三农"为基本定位的国有大行，中国农业银行始终紧跟中央要求、紧盯时代潮流，加快探索构建"互联网＋农村金融"的新型服务体系，切实发挥好农村金融的骨干支柱和示范引领作用。中国农业银行不断运用现代信息技术创新业务模式、创新服务流程、创新信用管理，以智能认证、智能营销、智能协同、智能运维、服务开放能力为支撑，打造包含金融服务、社交生活服务、电子商务服务三大核心的智能互联网金融平台；建立网络支付、网络融资、投资理财、信息服务、供应链金融五大产品体系，不断加大基础金融服务的覆盖面，运用大数据客户画像、小微信用模型、线上线下联动等方式，提升银行金融服务的便利性，为更好地服务实体经济、支持小微信贷、支持"三农"、发展普惠金融提供源源不断的动力。

智能互联网金融平台包括金融服务（个人、企业）、电子商务服务和社交生活服务的建设和实施。金融服务是移动端、个人PC端、企业PC端的全新改版，构建用户账户、线上支付、金融产品、营销支持和运营风控五大支撑体系，打造开放、定制、整合、共享的金融服务平台。电子商务服务以B2B为主，B2C为辅，打造服务"三农"、城乡联动，覆盖全产业链的金融、电商、信息综合服务平台，助力企业客户电商化转型，打通农村电商"最后一公里"，成为中国农业银行互联网金融发展的新引擎。社交生活服务初步完成社交生活平台系统基本框架建设，建设体验良好的生活圈、消费圈、社交圈，打造缴费中心、优惠中心、交互中心、营销中心四大支撑体系，实现平台开放化、功能个性化、体验场景化、服务生活化。

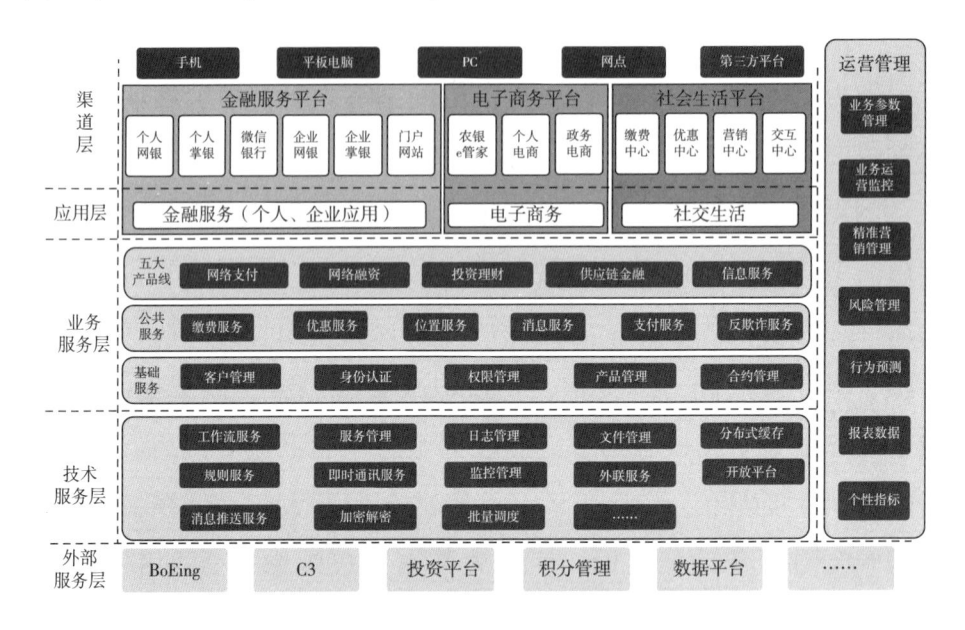

图 3-4 中国农业银行智能互联网金融平台

该平台构建"一体多维"的技术支撑能力，探索"双轮驱动"的研发保障体系。平台依托 OpenAPI、金融 SDK、动态授权、沙箱隔离等技术，为农企、农户提供丰富的场景化金融服务，创建"拳头产品走出去，场景服务引进来"的开放能力，构建服务三农、开放共享的金融生态；依托"强、中、弱"多层次用户模型和生物信息识别、大数据、人工智能、移动互联技术等智能技术，构建中国农业银行全网通行证，有效平衡用户体验与风控效率，降低三农用户使用门槛，建设三农特色标签库，提升智能营销能力。运维方面，该平台依托拓扑感知、全链路分析、移动数据采集分析等智能运维能力，有效应对农村地区基础设施薄弱、运行环境复杂等问题给系统稳定运行带来的挑战。截至 2018 年年末，"惠农 e 通"平台商户规模达267万户，全年交易金额达5863亿元，同比增幅达135%；"惠农e贷"贷款余额达1018亿元；"惠农e付"县域农户版用户716万户。实现47.1万个惠农通服务点互联网化升级，县域农户版App推广覆盖农户716万户。

为了实现国家及各省市政府农民工工资分账管理及封闭运作的目标，交通银行以跨领域金融服务为切入点，专注于小微企业金融服务，依托交通银行的云管家、代收付平台等信息化产品，推出行业级智慧云服务系统，实现对工程建设领域从开户、采购、资金监管、代发、用卡等全流程一站式服务。该平台以云服务形式，供工程参与单位作为平台的入驻企业，通过统一的云客户端提供相关服务，支撑各方随时随地便捷完成业务办理，同时提供线上web客户端和线下BBOS、政府平台OPENAPI联动、专线对接等方式的融合服务，简化业务办理流程，线上线下一体化，为企业提供方便快捷的业务体验。该平台设计了账户智能管家、智能云代发、智能云开卡、项目云管家、银政服务云、延伸服务六大功能模块，呈现以下四大特点：一是灵活快速对接了各级政府，支撑政府部门信息平台，实现全程监控和预警，落实了监管职责。二是对接建筑企业，建立专户分立机制、工程管理、定向支付等功能，便捷了款项支付，避免了工资纠纷。三是对接施工企业，平台的账户智能管家、封闭代发、项目云管家、延伸服务等一站式服务，为企业提供了7×24小时安全快捷又符合监管要求的实名制、工资、专户一体化管理服务。四是解决了建筑工人开卡难、用卡难的痛点，保证了工资款不被挪用，保障了建筑工人的合法权益。智慧云服务系统作为跨领域融合金融服务创新，融合了政府部门、建筑企业、施工单位和银行，覆盖以建筑工人工资为主的建筑工程结算全场景服务，实现了多方共赢。

第三节　构建金融服务生态体系，提高金融服务水平

2018年，中国经济全面步入新常态，银行业也面临新的机遇与挑战，随着经济新旧动力切换、新旧模式转换加快，银行业也迎来了细分领域、结构性调整的发展商机。各金融机构坚持创新驱动，加快转型步伐，以客户价值为导向，以新模式、新技术、新金融助推经济高质量发展，支持合作方在不同应用场景中自行组合与应用，整合各行业优质渠道资源，充分发挥金融机构的金融资源配置作用，实现价值需求方和提供方更全面、更精准地对接，构建开放、合作、共赢的金融服务生态体系，以更开放的姿态步入新时代。

中国工商银行为全面贯彻开放银行战略，打造"开放、合作、共赢"的互联网金融生态圈建设愿景，推动 e – ICBC 3.0 智慧银行战略全面落地实施，组织研发了以"嵌入场景、输出金融"为特征的 API 开放平台。平台聚焦场景、围绕客群全面展开，积极推动传统服务的网络化、智能化改造，提升金融赋能核心竞争力，全面构建开放、合作、共赢的金融服务新生态，进一步增强金融产品及服务的输出能力，实现用户、银行、合作方的三位一体和三方共赢，进一步增强了金融产品服务输出能力和核心竞争力，推动了智慧银行战略全面落地实施。

中国工商银行 API 开放平台是推进 e – ICBC 3.0 战略、引领互联

网金融发展的重要手段。通过 9 大类 38 种服务，1000 多项 API 将中国工商银行互联网金融拳头产品嵌入民生、医疗、教育、文化、衣食住行等场景中，并联合合作伙伴和行业力量，共同为企业用户提供与中国工商银行金融服务紧密集成的"场景+金融"的行业解决方案。截至 2018 年年末，中国工商银行国内 36 家分行已全面接入 API 开放平台，创建分行特色应用超过 1200 个，引入合作方应用超过 1000 个，创建了 900 多个合作场景，日均交易量超过 4000 万笔，服务亿级用户。从能力提升和安全管控两个角度，API 开放平台未来将升级企业级 API 网关实现灵活可配置的动态分组能力，进一步提升对敏感交易、敏感调用方的高可靠性。重点研究基于 AI 的风控体系搭建，实现基于 AI 完成对交易的监控和风险预测。同时更多的关注开放的价值，着力建设开放学院，提升开放银行影响力。

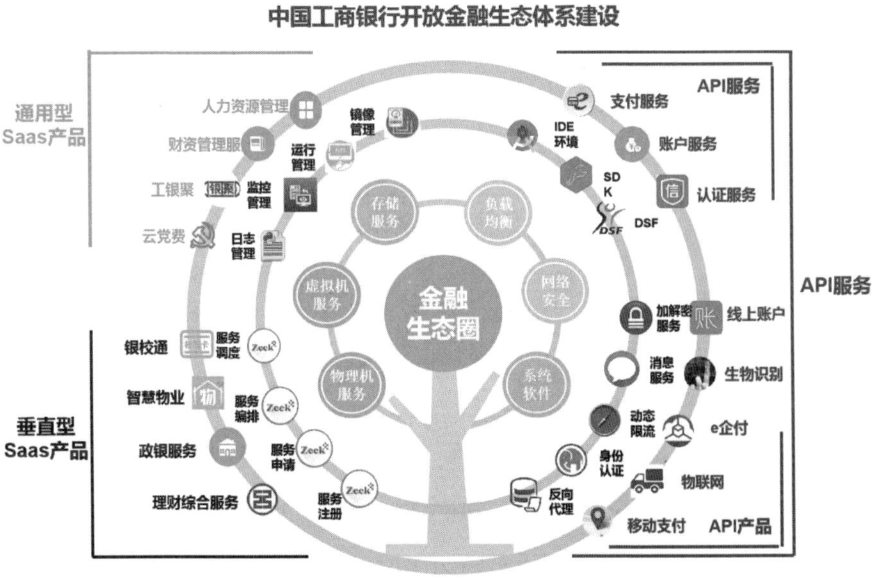

图 3-5 中国工商银行 API 开放平台

依托 API 开放平台，中国工商银行提出"工银 e 企付"平台型场景支付解决方案，有效解决了交易型平台普遍存在的"资金流与信息流不匹配"及"企业采购与财务相分离"的行业痛点，在市场竞争中展示出强大的竞争力。中国工商银行积极响应国家"互联网+"战略，前瞻性提出并实践了互联网金融场景化开放生态建设的理念，建立了 API 开放平台作为生态圈建设重要部分，作为价值生态平台，成为全行业生态共建、价值共创的典范与标杆服务。该平台为服务实体经济，助力小微、精准扶贫，在贵州扶贫、雄安新区建设等项目中提供了金融支持。API 开放平台建立了统一的交易管控系统，提升交易频率，大幅降低客户接入成本及服务对接成本；规划建设互联网用户服务接入流程，开创三种接入模式，便捷接入提升客户效率，促进活客效果提升；提升中国工商银行对外开放服务能力，覆盖多条业务线和互联网热点领域，扩大业务笔数规模，提升交易金额；全面铺开共建场景，突破重点领域，为全行经营创造新价值和新贡献。建立安全交易防控机制，严防非法交易，维护合作方和中国工商银行交易经济安全。中国工商银行 API 开放平台及其生态圈构建出场景信息、场景金融、场景生态有机结合的互联网金融生态圈，是 e-ICBC 3.0 "开放、合作、共赢"发展原则的最佳诠释，推进中国工商银行向服务无所不在、创新无所不包、应用无所不能的"智慧银行"转型。

企业共享服务平台是中国建设银行贯彻落实党的十九大精神，增强金融服务实体经济能力，回归服务实体经济本源，利用科技创新能力，解决市场痛点、难点的重要实践。该平台呈现以下两大特点：一是以大数据、人工智能、云技术、区块链、物联网等新技术，充分挖掘建设银行资源，并将客户资源、社会资源以及建设银行内部资源进行重新整合，发挥资源与服务的连接器。二是将金融场景与科技创新不断融合，解决企业在发展中面临的信息与服务形态割裂、碎片化问题，以国有大行的责任担当，建立市场各主体参与、实现共同繁荣的生态平台。

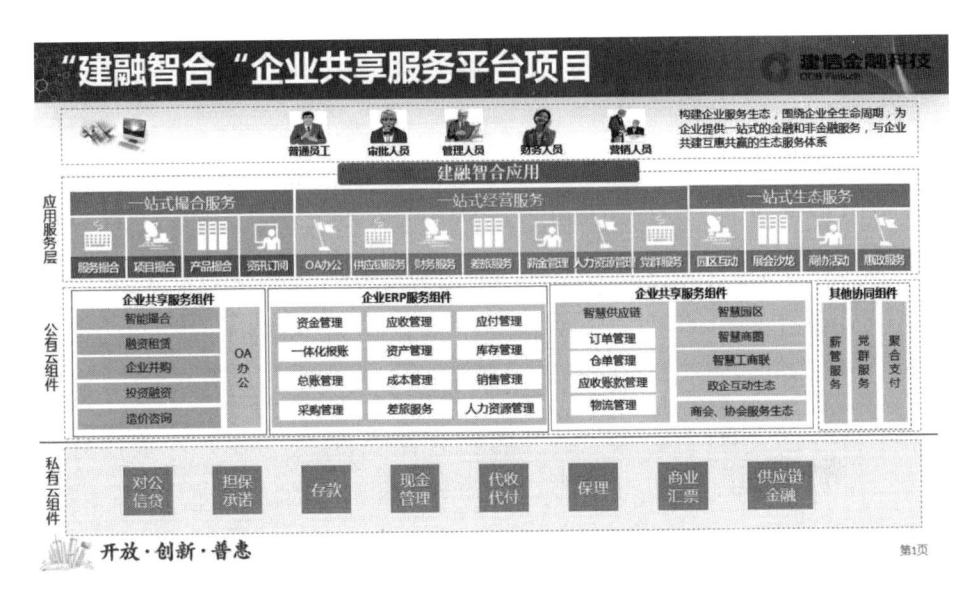

图3-6　中国建设银行企业共享服务平台

在中国建设银行推行普惠金融的战略下，该平台赋能中小微企业，助力精准扶贫，共同践行社会责任。平台一方面支持全领域的需求发布和智能撮合；另一方面促进聚焦中小微企业成长的生产、政策、技术、行业资讯、资金等工作，针对性地对接产业园区、科技局、投资主体，将各类厂房、优惠政策、行业研报、投资信息汇集到平台，使中小微企业快速掌握市场动态，消除发展壁垒。同时，平台设立了金融扶贫板块，建立了扶贫项目数据库，支持响应中央打赢脱贫攻坚战的决策部署。在国家"一带一路"倡议之下，平台跨境撮合能力凸显，帮助我国企业聚集全球资源，促成跨境交易与服务，协助我国企业以广阔胸怀接轨国际，拥抱世界。截至2018年年末，平台注册认证企业数达152323家，需求发布数199859个，撮合完成数8199个。作为中国建设银行面向B端赋能的公有云平台，该平台将持续深化创新场景建设，打造一站式撮合服务、一站式生态服务、一站式经营服务三大核心场景，不断满足企业客户的多样化金融、非金融领域需求。

南京银行完成"鑫云+"互联网金融平台建设，在满足南京银行业务发展需要的同时，其多法人的架构也能满足广大中小银行的技术需要，契合中小银行合作共赢、提高效能的战略需求。该平台是基于分布式架构的多法人云服务平台，除支撑南京银行自身业务之外，也能支撑广大中小银行互联网业务的发展。"鑫云+"互联网金融平台开创"1+2+3N"的互联网合作新模式。"1"代表南京银行，"2"代表阿里云和蚂蚁金融云，"3N"分别代表医、食、住、教、产、销等N个场景，旅游、电商、快递等N个行业平台，以及N家以"鑫合金融家俱乐部"成员行为主的中小银行。南京银行以此为依托，致力于做中小银行和行业平台的连接者，整合行业平台和合作行资源，实现联盟成员的资源整合、信息汇聚、利益共享，打造与实体经济、金融科技企业深度融合的金融科技共享生态圈。截至2018年年末，平台累计获客1013万户，贷款账户2500万元，存款账户17万户。累积发放贷款820亿元，贷款余额350亿元，日贷款交易峰值达到100万笔。

交通银行新一代商户业务平台建立了商户全生命周期管理流程，将各种受理方式、账户、适用场景封装在一起，为商户提供可受理全支付的一站式支付服务，实现商户和支付管理系统化、自动化、智能化。平台一方面可以拓展新的收入增长点，获取低成本资金，应对利率市场化；另一方面也有助于抢占场景、掌握数据，打通经营他行卡买单吧 App 客户的"任督二脉"，形成自有生态圈，向商户提供全方位金融服务，推动线上、线下、特约、特惠业务一体化。平台实现了对商户的全生命周期管理，商户当天进件、当天开通业务，促进业务模式创新。平台主要采用新技术框架 TOUDA 平台，运用 redis、kafka 等技术，构建高性能实时交易处理系统，还全面支持POS 机、二维码、快捷等支付产品和银联、支付宝等交易通道，实现真正融合支付，线上线下融合发展，同时提供多样化商户接入方式，交易接入参数化，快速完成商户接入，并实现清算参数化配置，支持多周期、多账户灵活高效准实时清结算，采用流计算技术，实现实时风控，为交易保驾护航。

第四节 小 结

深化金融供给侧结构性改革必须贯彻落实新发展理念，强化金融服务功能，找准金融服务重点，以服务实体经济、服务人民生活为本。为此，各金融机构坚持创新驱动，以金融科技为依托，以服务实体经济为导向，关注民生热点、难点问题，积极开发个性化、差异化、定制化的金融产品。为解决人民群众的住房租赁问题，中国建设银行深耕住房租赁市场，将共享经济理念与金融科技相结合，打通政府、企业和个人的信息与交易链条，有效支撑了我国租购并举的住房制度，推动住房租赁市场健康发展。兴业银行践行我国绿色发展理念，优化配置社会资源，引导资金从高污染、高能耗的产业流向高科技、高附加值的新兴产业，推动实体经济健康可持续发展。中国农业银行、中国建设银行等为解决"小微企业""三农"融资难、融资贵、偏远地区金融服务不便等问题，构建普惠金融服务平台，在广大农村地区设立服务网点，建成覆盖线上线下的惠农金融服务网络，突破金融服务"最后一公里"制约，为我国乡村振兴战略提供了有力的金融支撑。中国工商银行等打造"开放、合作、共赢"的互联网金融生态圈，将金融产品嵌入民生、医疗、教育、文化、衣食住行等场景，整合行业优质渠道资源，充分发挥金融机构的资源配置作用，以更开放的姿态为人民群众创造美好生活。

第四章 深化前沿技术应用，激发金融创新活力

近年来，大数据、云计算、人工智能、区块链、物联网等一系列前沿技术发展日新月异，加速与行业的结合，正在以前所未有的速度推动全社会数字化、网络化和智能化转型。金融业作为与信息技术融合最深的行业之一，前沿技术与金融业务的融合日益深入，带动了金融科技的蓬勃发展，激发了金融创新活力，为金融业转型发展赋予了新动能。新技术在创新金融产品、经营模式、业务流程方面的应用层出不穷，金融机构通过金融实践将科技转化成为价值创造活动。

第一节 丰富人工智能应用场景，提升金融服务质效

2017年7月，国务院印发了《新一代人工智能发展规划》，明确将人工智能作为未来国家重要的发展战略，对完善中国人工智能领域研究布局，构筑我国人工智能发展先发优势等目标和任务做出指导意见，且专门提出了"智能金融"的发展要求。金融机构深入推进人工智能技术与业务和管理的融合，创新智能金融服务和产品，

建立健全金融风险智能预警与防控体系，持续提升金融服务质效。

一、加快人工智能平台建设，促进产品创新能力提升

人工智能技术的快速发展及应用，深刻地影响和改变着金融行业，在技术变革的外部驱动和转型发展内生需求的共同作用下，金融机构加快人工智能平台建设，为提升金融产品创新能力提供了新动能。

中国银行为实现"建设全球新时代一流银行"战略目标，加快科技引领、创新驱动能力建设，将人工智能技术嵌入业务流程、覆盖全渠道、支持多场景业务，"赋能"业务领域应用，建设了基于人工智能平台的"中银大脑"。"中银大脑"搭建了企业级AI共享平台，赋能渠道、风险、营销、个人、市场等领域应用智能化，促进了业务领域管理变革、流程重塑，激发了产品创新活力。"中银大脑"由感知、认知双脑组成。由多模态生物识别、可扩展自然语言处理、多维度关联知识库和交互机器人等组件构成的感知大脑，通过AI能力共享中心，提供标准、灵活的感知智能服务；由可视化建模引擎、开放的算法库和共享的模型工厂构成的认知大脑，不仅满足数据科学家和业务人员建模需求，还通过灰度发布、专家评估等方法综合评估模型价值，快速适配业务。此外，"中银大脑"通过连接数据和业务，形成数据驱动算法、算法改进模型、模型推动业务的闭环。

"中银大脑"通过机器代替人工、辅助人工决策，实现六个"业务利器"：一是AI传感器感知智能服务无缝嵌入各渠道，"传感"客户全息画像、快速确认客户身份；二是AI触达器集成各类对客服务

策略，准确触达客户，实现个性化、多样化的服务；三是 AI 助推器促进产品变革，重塑业务流程，打造智能化营销体系；四是 AI 激发器打造智能投顾和量化交易等新产品、新模式，激发创新活力；五是 AI 风控器打造风险决策引擎，在"反欺诈、反洗钱、风险管理"领域形成端到端的风控体系；六是 AI 增强器将运维人员从纷繁复杂的告警中解放出来，提高运维效率，降低生产风险。

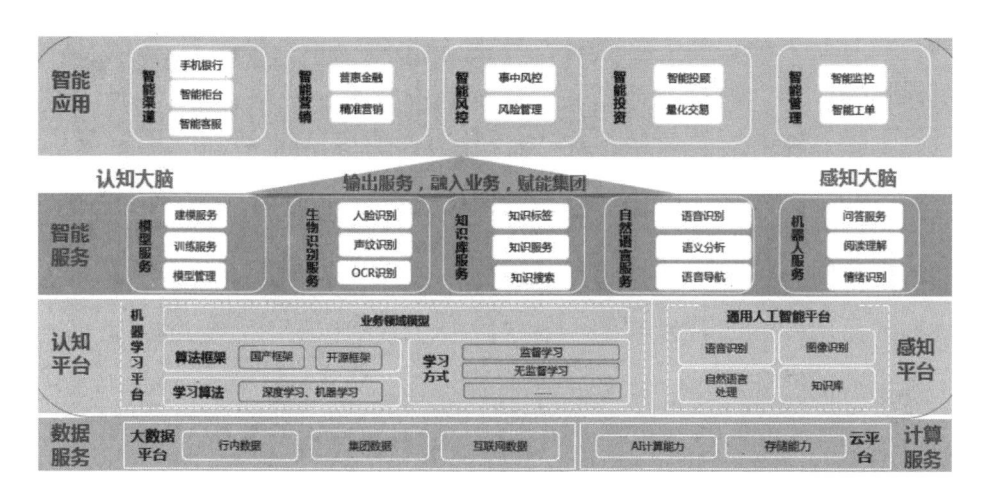

图 4-1　中国银行基于人工智能平台的"中银大脑"工程项目系统架构图

"中银大脑"构建了企业级人工智能平台和生态体系，实现了客户营销效率、产品创新能力、风险控制水平"三增强"和用户体验、产品效益、管理效能的"三提升"，效益显著。截至 2018 年年末，"中银大脑"在渠道领域，手机银行交易额超 20 万亿元，人脸识别完成 1.74 亿次人脸比对。在营销领域，管理全量客户超 4 亿户，智能产品推荐成交额突破 200 亿元。在投资领域，量化交易年交易金额逾 2000 亿元，量化报价能力追平国际水平。中银慧投交易额近 60 亿元，提供资产配置服务 1200 万次，促进了客户价值提升。在风控领域,风控决策引擎全面应用于授信业务,日均 8 万笔决策交易,事中风控防范欺诈风险,监控交易数十亿笔,拦截疑似交易近百亿元,避免客户损失数千万元。在管理领域,采用无阈值等技术智能管理监控指标,漏报率降低 35%,误报率降低 63%。

国家开发银行为有效解决传统数据库实现方式在元数据采集规范、处理效率和展示效果方面存在的瓶颈和障碍,引入"地理地图"设计理念,有效融合"基于图论的元模型""混搭架构元数据引擎""图数据库算法"和"可视化地图展示"等前沿技术,研发了基于知识图谱的新一代元数据地图管理平台。平台建立了全面可扩展的元数据体系,利用地图进行元数据管理,同时进行可视化控制,有效支持分析系统间数据流向,实现管理和展现元数据的重大突破,有效解决了海量元数据的易用性和时效性问题,大幅提升了业务、开发、运维、数据管理等用户体验和业务、技术支持能力,为银行业在大数据时代提升大数据治理能力提供了一种新的思路方法和技术手段。

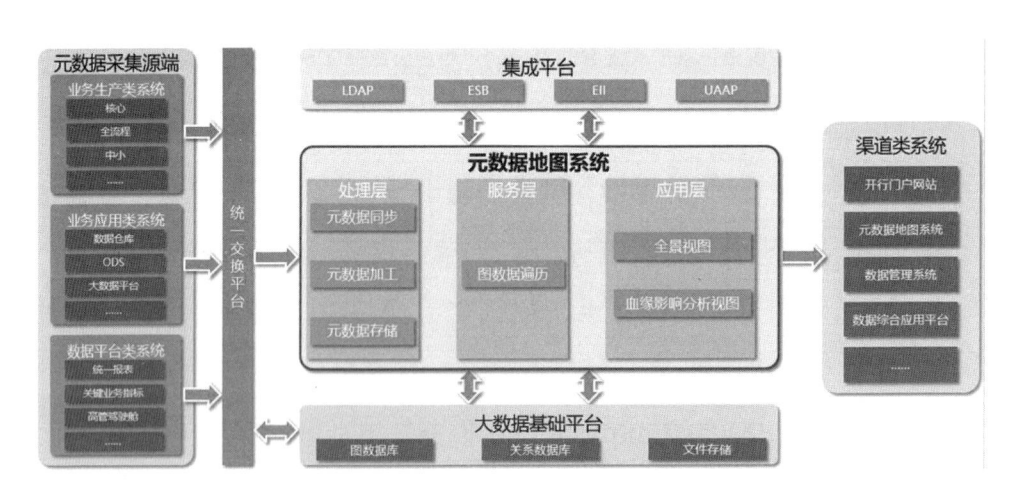

图 4-2 国家开发银行基于知识图谱的新一代元数据管理技术创新项目架构图

新一代元数据地图管理平台选择图数据库为元数据地图的载体，将元数据的组成做一个完整的逻辑上的排布，把元数据和元数据的关系很好地存储管理起来。平台拓展了元数据可视化的新思路，实现了大数据时代下元数据管理标准化、智能化，提高了元数据的查询效率，提升了用户体验，将元数据资产进行图形化管理和展示，加强了数据的可读性，降低了沟通成本，提高了工作效率，推动了图数据库等大数据技术在金融领域的应用。

民生银行立足于场景金融战略目标和建设"世界一流的现代商业银行"战略远景，建设了场景金融智能服务平台，以场景金融智能服务平台为中枢，结合渠道、产品及大数据能力，实现场景标准化建模、服务共享、数据驱动和渠道协同，驱动民生银行向智能银行转型。该平台提出场景分析四步法和5W1H场景建模方法，支持构建灵活、多态、轻量的场景应用，推动业务快速创新。基于建设共享服务中台，实现共性业务抽象沉淀，搭建前台及后台的桥梁，使得前台渠道专注用户体验、后台产品稳定精耕，打造银行差异化竞争力。基于驱动数据中台建设，加快数据价值变现，应用实时、适时、全时的数据能力驱动业务发展。截至2018年年末，平台支撑的各类产品应用带来显著的业务提升，包括小微红包权益应用、存款差异化定价等，其中红包发放超过40万个，使用率32%，有贷户签约小微红包渗透率16.1%，日均结算提升增幅28.4%。

平安银行为快速提升银行传统手工操作流程效率和质量，构建了机器人流程自动化平台，为平安银行线下流程自动化提供整体解决方案。该平台已应用于平安银行个贷系统、小企业系统、信用卡系统、税务信息管理系统及柜面系统等多个跨系统的业务流程，解决了业务手工作业痛点，对平安银行推动科技赋能金融战略，打造轻量智能化银行发挥了重要作用。截至 2018 年年末，机器人流程自动化平台累计代替人工处理 17 万笔，对公账户录入时间由 5 分钟减少到 2 分钟，对公账户核查时间由 2 分钟降低到 30 秒，零售信贷、小微企业退汇进度管理流程每笔处理耗时由 4 分钟降低到 1 分钟。

二、加速人工智能应用落地，助推银行业数字化转型

金融机构积极推动人工智能应用落地，不断丰富人工智能应用场景，在促进传统金融管理和服务能力提升的同时，不断催生出新兴的服务模式和新产品，成为助推银行业数字化转型升级的新方向、新引擎，为不断提升金融服务质效赋能。

国家开发银行践行"数字开行"战略，实施了数字化转型示范工程，聚焦中长期信贷业务流程中授信评审、客户管理、贷后管理等关键环节，积极探索综合运用大数据、人工智能等技术开展数字化转型实践。在数字基础设施层面，构建了混搭架构的大数据平台，形成了涵盖内外部数据的完整、丰富的数据集合，支持对内外部、海量、多源、异构数据进行统一的存储、交换、计算、智能分析及可视化。在应用层面，建设了授信评审业务智能分析系统、集团客户管理系统、信贷项目远程监控系统和脱贫攻坚指挥系统等。授信评审系统通过智能检索和智能挖掘，实现将国家开发银行所积累的专家经验进行电子化、知识化，方便业务人员检索、查阅、借鉴以及获取各类信息；在业内率先探索实现智能编写和智能审查，助力业务人员提升报告编写效率和报告审查效率。集团客户管理系统运用知识图谱技术，应用关联关系挖掘算法，构建全面准确的集团客

户图谱算法模型，准确展现股权控制人、担保、交易、地址、事件等多种关联关系图谱，助力发现更多潜在关联风险。信贷项目远程监控系统综合运用移动互联技术、GIS 地图技术等，实现业务人员足不出户即可通过点击图标，在电子地图上实时调取部署监控的项目现场图像和录像数据，同时与后方管理人员进行实时沟通。脱贫攻坚指挥系统通过整合 8600 多万条建档立卡贫困人口信息、贷款业务数据、基础地理信息，实现逼真展示所有脱贫攻坚业务自然地理现状和项目成果，掌握各省、县区扶贫资金信息，实时存储和查阅图片、视频、文档等非结构化数据，满足指挥部与一线扶贫专员之间的实时互动。

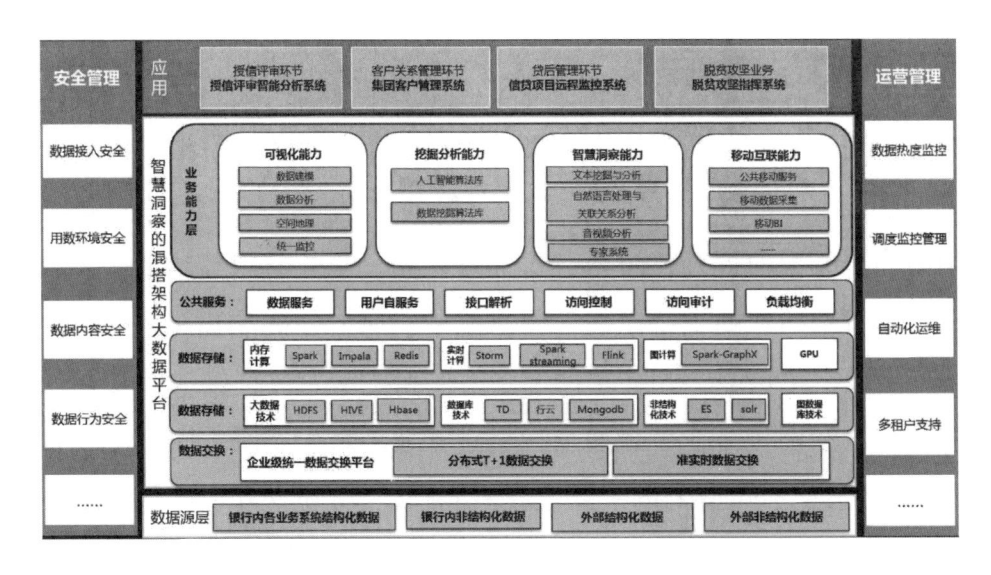

图 4-3 国家开发银行数字化转型示范工程架构图

数字化转型示范工程使国家开发银行的存储和计算能力大幅跃升，在业务层面，是综合运用先进技术对传统中长期信贷业务创新的一次有益实践。截至 2018 年年末，授信评审业务系统已有效知识化了历史评审报告约 3 万份，支持了评审业务传承、发展和创新。集团客户管理系统显著提升了复杂集团客户的识别能力。信贷项目远程监控改变了传统的贷后管理模式，每年减少客户经理赴项目现场监管次数约 50%，节省客户经理出差时间 15 个工作日以上。脱贫攻坚指挥系统已支持全行 240 余名扶贫专员，累计服务全国 25 个省约 3500 万人。

华夏银行基于"全员参与金融科技数字化转型"理念，建设了以运营数据分析为基础的柜面运营支持系统，实现了客户信息集中展示，增加了多渠道、多类型黑名单数据和交易链路关系图进行风险自动识别和提醒。该系统基于开源技术框架，技术特点体现在五个方面：一是采用分布式关系型数据库、分布式内存数据库、主流分析工具等构建计算引擎，实现了快速处理海量客户数据的功能。二是采用流式数据处理技术，实现了对柜面高吞吐交易报文实时处理的功能。三是通过实时客户画像、黑名单等功能，实现业务效率、风险防控能力的提升。四是引入人脸识别、业务预判等功能，实现对厅堂营销的辅助支持；基于客户流量、现金分析等功能，实现网点运营数字化转型。五是通过建立用户和技术人员直接沟通及"创新积分"激励机制，搭建起全行金融科技创新生态圈，探索出一条"全员数字化"转型之路，为构建华夏银行"人机交互一体化"的智能网点奠定了重要基础。系统投入使用后，日均使用用户在业务总人数的 60% 以上，已成为辅助柜面业务、营销推荐和网点运营的好帮手。

中信银行为向客户提供持续的高质量投资服务，运用人工智能技术，基于机器学习算法搭建了智能投顾平台，采用融合人工智能和人类智慧的"双脑引擎"模式，从基金组合投资领域出发，围绕客户投资理财需求和痛点，推出了智能投顾产品—信智投。该产品基于互联网思维打造产品服务，串联客户服务、产品服务和数据分析，实现了数据驱动的客户风险画像，基于数据分析和挖掘开展投资收益决策，通过模型算法和机器学习实现持续投资服务，搭建松耦合可扩展的架构体系。信智投具有结合大数据精准识别客户风险承受能力，智能匹配和推荐产品组合，提供一键购买、投资月报、动态跟踪、调仓优化等功能。依托信智投平台，集合中信银行专家团队和AI智慧提供的市场研究观点和资产配置建议，覆盖到除高净值客群外的更广泛用户，打造了中信银行财富管理的特色品牌。截至2018年年末，中信银行信智投已累计签约客户10000余人，销量约6.5亿元。信智投产品使中信银行借助金融科技手段，以高度标准化的服务形式、个性化的服务产品、全流程线上化的服务渠道，实现了用户投资全流程的自主化、智能化，极大提升了服务效率，将专业的财富管理服务普惠到更广泛的投资者。与此同时，借助大数据分析、量化金融模型以及专家智慧，信智投更加精准地把握客户需求，实现用户体验不断趋于人性化、便捷化、精准化，让财富管理服务更具智慧、更懂客户、更有温度。

兴业银行为应对网络快速发卡后短期内急剧增加的逾期客户，缓解催收业务剧增的压力，降低催收成本、提高催收效率，创新了催收作业模式，研发了催收机器人。催收机器人以语音识别、自然语言处理和语音交互等多种人工智能技术为基础，利用语音识别（ASR）、智能交互系统与互动式语音应答（IVR）平台相结合，以拟人化的方式与用户进行实时语音交互沟通。相较于人工坐席，催收机器人成本低、效率高、话术标准，对比 IVR 自动语音播报和 IVR 单渠道交互，信息送达更准确，同时进一步丰富了被叫者意图的信息收集功能和提高了收集的准确性，增加了业务场景支撑的复杂程度，提升了客户的交互体验。催收机器人投入使用后，截至 2018 年年末，累计出催账户 10 万户，出催金额 10.5 亿元，2018 年月均节省人力 15 人次，每户回收成本较人力外包催收降低 42.53%。

民生银行为更好地管控零售信贷业务风险，将大数据及人工智能精准预测技术引入零售贷后管理，设计出了基于人工智能的零售贷后量化风控解决方案。方案通过采用高阶机器学习建立了民生银行零售贷款全品种、多时窗早期预警系列模型，并以该系列模型为量化引擎，设计出有效提升零售贷后风险管理效果的主动型监测预警管理体系，涵盖"模型驱动、分级管理、早期预警、主动退出、持续优化"五大方面。基于模型对贷款的风险量化评价来驱动后续的风险分级、早期预警和主动退出，将已发现的风险规律反哺贷前，通过有效闭环优化持续改善资产质量。精准识别贷款生命周期中多环节的潜在风险，通过配套风险干预策略的应用，量化监测、控制及化解贷款风险，持续改善了零售贷款资产质量，提升了零售贷款业务创利水平。该系列预警模型采用"监督框架下的同分布抽样技术"和"Feature Shaving 特征集优化技术"两种去噪技术，模型区分度指标平均值介于 75 至 80，显著高于同业同类模型水平，提升了预警模型精度 20% 以上。

第二节 拓展区块链应用场景，推动金融服务变革

国务院《"十三五"国家信息化规划》提出，要加快区块链技术基础研发和前沿布局，将区块链及时纳入国家信息化战略，大力发展金融科技，在依法合规前提下，加快区块链、大数据技术的研究和运用。区块链技术同金融业务的结合已被国内外机构广泛研究和应用，越来越多的金融机构加快布局，主动探索和拓展区块链技术的适配应用场景和可行性，积极推动区块链技术与金融业务的融合发展，提升了金融核心竞争力，推动了金融服务变革。

一、加强区块链技术研究，提升金融创新发展能力

区块链技术具有巨大的发展潜力和广阔的应用前景，其集成应用在推进新技术革新和产业变革中的重要作用不可低估。金融机构结合金融工作实际，加强区块链技术的研究、分析和应用，探索建立区块链在金融行业应用的模式、规范、指南与设计标准，提升金融创新发展能力。

为贯彻落实党中央、国务院对发展粤港澳大湾区的指导精神，中国人民银行数字货币研究所与深圳中心支行于2018年9月在深圳试点了"基于区块链技术的湾区贸易金融平台"工程，致力于打造信息可穿透、信任可传递、信用可共享的开放贸易金融生态。

平台基于自主可控的区块链技术建成贸易金融底层平台，上线应收账款融资、税务备案、国际贸易账款监管等业务应用，实现了

三项业务创新：一是构建包容性对接能力，降低合作成本，促进生态建设；二是构建可控性共享能力，破解数据共享的桎梏，挖掘聚合数据价值；三是构建对等性互联能力，促进创新合作，推动生态健康发展。为促进业务创新，增强金融风险管控能力，平台实现了六项技术创新：一是自主设计了分层解耦、混合架构的底层区块链平台，应对业务复杂、需求多变带来的技术挑战；二是设计了可接入智能监管探针的方案，支持由事后监管向事中或事前监管转变；三是提出自主身份体系，实现了符合隐私保护需要的、兼顾隐私和便利的新型身份管理方案；四是构筑覆盖身份、通信、数据三个维度的立体隐私保护方案；五是设计新型通信及存储架构，满足长期技术演进需求；六是实现面向服务切面的中间件组件，达到了异构系统柔性对接、业务数据透明传输、热点数据快速处理的技术目标。

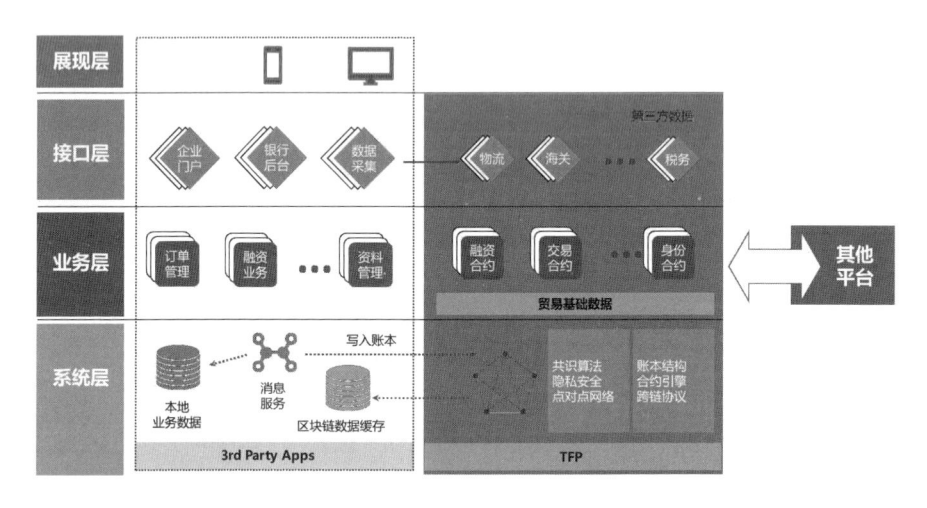

图4-4 数字货币研究所基于区块链技术的湾区贸易金融平台生态架构示意图

自上线以来，平台围绕信息可穿透、信任可传递、信用可共享三大目标，在技术上支持监管植入和风险预警，在业务上将业务的核心单据关键流程上链，保证贸易各参与方都能快速获取真实信息，具有贸易数据交叉验证、数据不可篡改、业务不可抵赖的特征。在技术和监管的双重增信下，基于区块链技术的湾区贸易金融平台正显现独特的优势，为推进供给侧结构性改革，提供了一种金融科技视角下的有效方案，具有积极的社会经济效益。未来，平台将研发一套完整的理论体系和业务标准，重点突破关键技术、解决数据可控共享问题，打造共生应用平台，以共建、共管、共治的模式建设完善的生态体系。

中国银行为探索区块链技术在金融行业的应用模式和适用场景，开展了区块链基础技术研究与应用实践课题研究。通过研究区块链技术特点，以及在金融领域应用的适用性和改进方向，探索建立区块链在金融行业应用的模式、规范、指南与设计标准，并针对区块链技术在金融领域应用带来的风险和挑战进行前瞻性研究。课题形成了区块链应用于金融服务领域的理论方法，构建了一整套区块链技术应用于金融行业的模型和方法论，提出区块链在商业应用中"信息存证""业务协同""信用生态"的三层模型，以及区块链应用实现方法和区块链在金融应用场景中的解决方案，包括区块链应用的实现模型，以及区块链与现有信息网络、大数据、云平台等进行交互的方式。课题将区块链基础理论引入金融业的应用模式并研究基于区块链的金融生态圈，通过创建跨链业务活动管理器和引入TAA机制，实现链上下业务一致性保证；通过建立线下区块索引，同步链上区块交易，实现长周期海量交易的快速查询，形成历史交易快速定位机制；通过建立智能合约版本机制，支持业务灰度发布，为系统提供业务平滑升级能力；通过构建区块链底层数据归档压缩机制，提升区块链平台数据处理能力；通过建立多层次、多维度的隐私保护机制，提升区块链技术适应金融场景需求的能力；通过建立角色和合约执行权限灵活调整机制，满足金融业对区块链网络的管理要求；通过对技术和行业案例持续跟踪以及外部标准制定的参与，创建了行内区块链应用方法论指导和技术规范；通过技术创新和项目实践，创建了区块链互联平台和协同平台，提升了区块链技术应用的便捷性。

课题成果已在12个生产项目和实验性项目中进行实践，在应用场景探索上，涵盖了风险管理、支付清算、数字票据、信息管理、供应链、公益扶贫等业务领域，不仅降低了信用和信息共享协同带来的效率成本，缩短了对外服务周期（如区块链房屋交易平台使平均业务办理时间缩短至2个工作日，中银集团内跨境汇款平台让跨境汇款到账时间缩短至秒级），且可以提高参与单位的运营效率，扩大客户影响；提升了银行场景化服务的能力；提升了银行服务的范围（如西藏扶贫项目已用于26万贫困人口的扶贫用款处理），增加了银行资金沉淀（如西藏扶贫项目已有130亿元资金的沉淀），有效提升了中国银行通过区块链技术运用能力，为区块链技术在同业的研究、应用和实践提供了有益借鉴。

二、拓展区块链技术应用，促进金融服务效率提升

区块链技术因具有分布式、难以篡改、可追溯、开放性等突出特点，近几年在金融应用方面的案例不断增多，金融机构主动拥抱区块链技术，不断拓展区块链技术的应用场景，在贸易融资、抵押贷款等多个领域落地应用，为提升金融服务效率提供了有力的

中国人民银行贵阳中心支行牵头在金融城域网上构建并管理联盟链网络，打造了基于区块链技术的农权抵押贷款应用平台。试点县市农牧局、国土资源局等农权主管部门、金融机构通过接入金融城域网并加入联盟链，共建区块链节点，将农权抵押的各参与方集中到一个应用场景，将"农权"抵押物信息上链，实现信息共享。平台通过区块链技术的多节点记账、信息透明共享、数据不可篡改、记录可追溯等特点，实现了无信任关系的多机构共同开展农权抵押贷款相关业务，有效防止多头抵押，大大提高了农权抵押贷款业务的办理效率，用户全程只需要去金融机构一次即可一站式办理完农权抵押贷款业务，提高了政府和金融机构在农权抵押贷款业务中的工作效率，做到"让数据多跑路，让百姓少跑腿"。截至2018年年末，平台已在贵州省内12个县市完成了部署实施并取得较好应用效果，全省"农权"抵押贷款余额31.1亿元，同比增长44.1%。数字化后的农权信息通过该平台在金融机构与政府主管部门之间安全流动，并自动在多个账本节点记账，进一步简化了农权抵押贷款业务办理手续，加快了农权抵押贷款授信流程，降低了贷款成本。

浙商银行为有效解决企业"融资难融资贵"的问题，将区块链应用于应收款场景，推出"区块链技术应用——应收款链平台"，是采用"区块链+供应链金融"的模式，专门用于办理应收款的签发、承兑、保兑、支付、质押、兑付等业务，记录应收款状态的交易处理系统和技术平台。通过区块链技术将企业沉淀应收款转换为安全、便捷的电子支付结算和融资工具，实现应收款交易流通，盘活了原本流动性较差的应收款资产，为供应链核心企业及其成员单位、上下游企业等提供拓展了创新型融资渠道,帮助企业减少外部融资、降低融资成本,推动企业构建了供应链"自金融"生态,为广大企业发展提供新型融资和结算服务。截至2018年年末,浙商银行应收款链平台落地项目达1410个,平台用户6132户,平台累计签发超千亿元。

第三节 探索物联网应用场景,创新金融新业态

物联网在经历了由政府主导的"概念探索和应用示范"以及在移动互联网技术和产业生态外溢带动下的物联网技术和产业发展阶段后,随着技术发展快速突破和需求扩大升级,进入了"融合集成、规模应用、生态布局"的新阶段。金融机构积极研究物联网技术特征和发展趋势,加快探索物联网技术和金融的融合应用场景,在数据中心综合智能安全管控、动产质押融资业务发展等方面进行了实践。

中国光大银行为应对日益增长的数据中心物理访问安全挑战,基于物联网技术,深度融合运维场景,广泛联动各种管控手段,搭建了基于物联网的数据中心综合智能安全管控平台。该平台采用RFID物联网技术实现人员定位、设备定位、人员轨迹跟踪、设备出入监控等管理手段,准确识别人员、设备身份,实现了设备实物资产的管控;通过与IT服务管理、配置管理、监控管理等系统集成,将数据中心物理安全管控融合在数据中心日常管理中,形成安全管理闭环,消除了安全管理死角;引入路线规划、图片比对、作业排

位等智能化算法，优化了关键安全管控环节，提升了安全管控精准度；研制电子陪同仪，实现了实时移动和精确的电子化陪同。

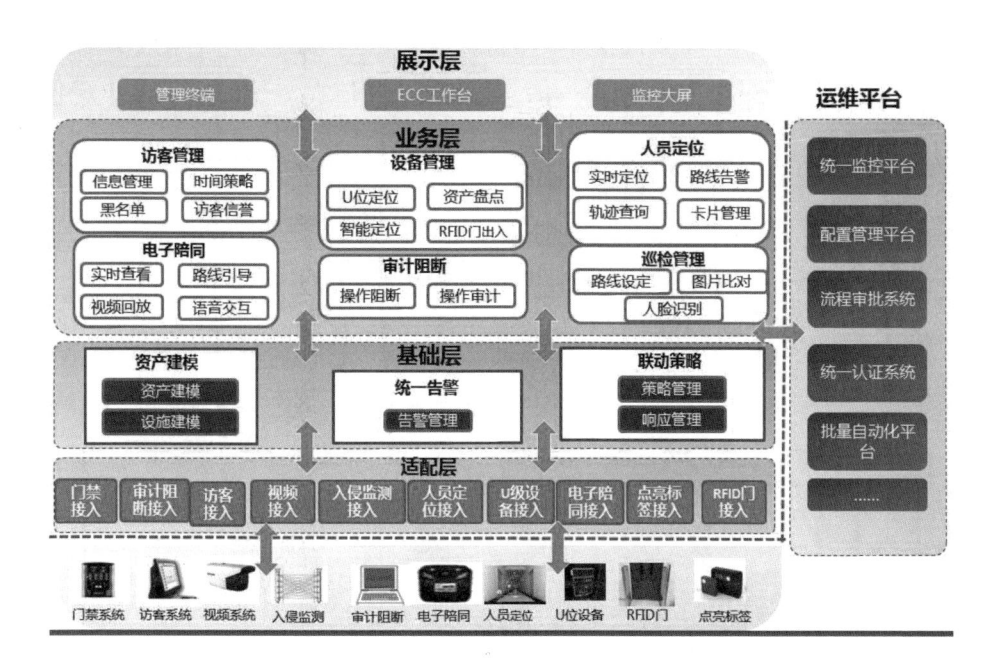

图4-5　中国光大银行基于物联网的数据中心综合智能安全管控平台

该平台的应用，增强了中国光大银行数据中心物理访问安全的感知和控制能力；采用了智能算法，有效提升了物理访问安全管理的智能化和科学化水平，全面提升了物理访问安全的管控能力，实现了物理访问安全监管控防一体化和智能化，为机房无人化奠定了坚实基础。截至2018年年末，节约各地机房设备管理人力费用300万元；通过在各地数据中心机房采用电子陪同、人员定位、审计阻断等管理手段，节省人力陪同等资源，节约各地机房陪同人员人力费用450万元；平台通过与视频、门禁等关联系统的全面灵活联动，有效节约了安保人力费用225万元。

江苏银行为解决传统银行动产质押贷款业务的难题，建立信贷与动产质押物的一一挂接关系，实现质押物所有权的实时转让和风险监控，将物联网技术与银行金融业务实践相结合，创新物联网金融新业态，探索搭建"物流、信息流、资金流"三流合一的客观信用体系，建设了全线上化物联网动产质押融资业务系统。该系统通过物联网实时获取企业质押物信息，帮助企业凭借生产、流通中的动产实物获取授信资金，提供灵活多样的贷款方案。企业可全线上办理信贷业务，实现随借随还，解决生产经营的资金周转需要，降低融资成本。

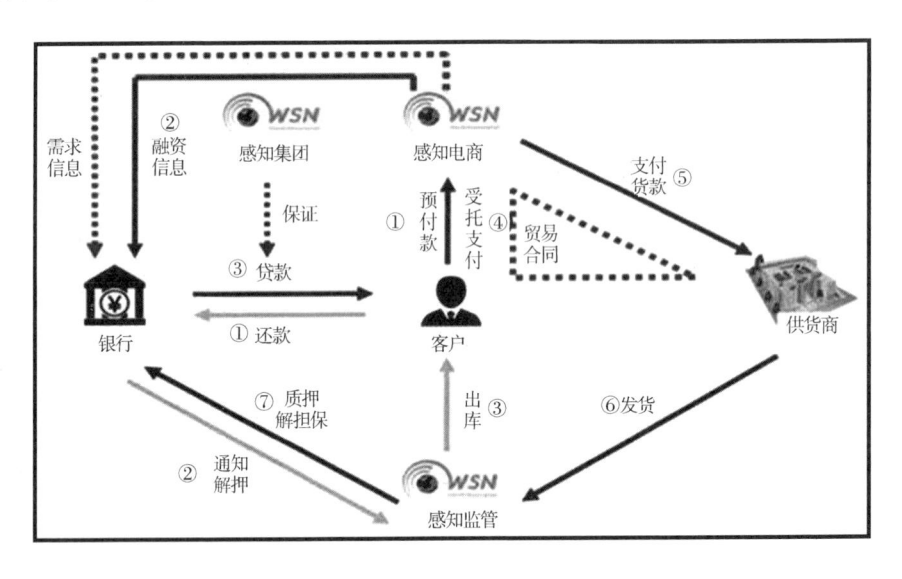

图4-6 江苏银行全线上化物联网动产质押融资业务系统全线上流程

通过该系统，客户可以全线上办理信贷业务，在线上一站式完成借款、提款、还款、质押、解押等全部流程，实现全天候随借随还，极大地提升了业务办理效率。截至2018年年末，物联网动产质押项下授信客户130家，授信金额13.2亿元，累计投放19.95亿元，共完成1540笔，未发生一笔不良金额，该产品在无锡地区中小微企业与社会认可接受度逐渐增高，提升了物联网金融的商业价值和社会价值，实现了金融服务"普惠、便捷、安全"的服务目标。

第四节 小 结

随着"互联网+"向"智能+"跨越，新技术应用给金融业带来了深刻影响和巨大发展空间，极大促进了金融服务与管理能力的提升。金融机构积极利用人工智能、区块链、物联网等前沿技术开展金融应用，激发了更多创新活力，推动了金融服务变革和数字化转型升级，进一步提升了金融业的整体服务效能。以中国银行为代表的金融机构，在新技术应用方面，取得了显著成果。中国银行运用人工智能技术，打造了"中银大脑"平台，赋能渠道、风险、营销、个人、市场等领域应用智能化，提高了客户营销效率、产品创新能力、风险控制水平，提升了用户体验、产品效益、管理效能。中国人民银行数字货币研究所基于区块链技术，自主研发了湾区贸易金融平台，支撑了应收账款融资、税务备案、国际贸易账款监管等业务应用，对促进业务创新、加强监管穿透、增强金融风险管控提供了有力支持。江苏银行创新物联网金融新业态，建立了"物流、信息流、资金流"三流合一的客观信用体系，为客户提供了一站式全线上化动产质押融资服务新模式，极大地提升了业务办理效率。新兴技术与金融行业的深度融合，必将催生更为广泛的业务模式和应用场景创新，开拓金融行业新的竞争蓝海，推动金融持续健康发展。然而，新技术所带来的风险不容忽视，金融机构要在遵照法律法规和监管政策前提下，合理利用新技术开展金融创新，确保金融科技应用不偏离正确方向。

第五章　加强风控与运营管理，保障金融体系稳定运行

为保障金融体系的稳定运行，金融机构风险防控方面需灵活应对宏观经济形势，积极响应外部监管要求，健全风险防范能力，有效提升金融风险管控水平，建立智能和严密的风险防控体系，在全面真实的海量行内外数据基础上，通过架构升级调整、大数据分析、人工智能等技术手段，建立全流程的信用风险监控体系。运营管理方面要统一机构运营理念建设，不断增强运营管理能力，搭建不同层面的管理平台，多维度的分析并改进运营管理决策模型，提高经营管理的集约化、精细化水平。金融标准化方面要通过金融行业标准的制定与实施，规范银行业务发展，从而达到保障金融体系稳定运行的效能。

第一节　完善风控体系建设，提升金融风险防范能力

利用大数据、人工智能等技术培育大数据风险防控能力，建立智能风险防控体系，已成为银行塑造互联网金融时代核心竞争力的重要举措。运用智能风控技术，结合传统风险防控防范经验，构建

主动型、智能化、安全可靠的风险防控体系，成为提高金融风险防范能力，守住不发生系统性金融风险的关键。

一、打造智能风控平台，促进业务健康发展

完善风险防控技术体系，增强安全意识，是保障业务稳定健康发展的前提。伴随人工智能、大数据技术的不断进步，金融机构通过打造智能风险防控平台，提升银行业务的集约化经营，在保障银行业务稳定运行的同时，促进业务健康发展。

中国农业银行以实现"预警自动化、产品创新化、决策智能化、处置科学化"为目标，重塑面向信贷全流程的风险管控模式，建设了混合增强智能型信用风险监控系统。该系统以全面真实的海量行内外数据为基础，通过人机协同、自我优化的信用风险模型工厂，建立覆盖贷前、贷中、贷后信贷业务全流程的信用风险监控体系。系统主要特点表现在：一是依托 Hadoop 生态圈大数据处理框架，深度融合、挖掘行内外可信数据，建设客户信用风险统一视图，打破银企信息不对称，奠定了农行信用风险管理的数据和信息基础；二是依托一站式建模工作台，集成 LR、GBDT、时间序列分析、深度学习等算法，支持自主前瞻式预测、量化评分、智能决策等业务模式创新；三是引入"全息座舱"模式研发风险明鉴引擎，支持递进式风险管理，包括风险图挖掘、智能评分和体检、智能处置顾问等；四是采用平行可拓展技术架构，在确保系统稳定性、扩展性的同时提升系统运行效率。

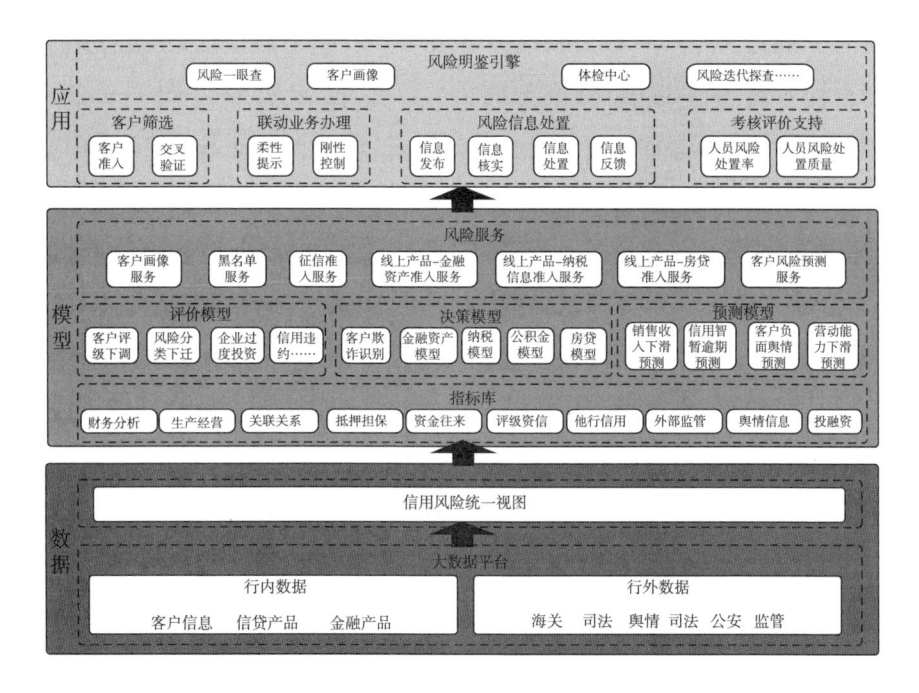

图 5-1　混合增强智能型信用风险监控系统应用架构图

混合增强智能型信用风险监控系统实施后，截至2018年年底，不良贷款率从2.37%降至1.59%，提高了风险识别灵敏性、风险预警时效性、风险管控严格性、风险处置及时性，有效支持保障了农行信贷创新产品的健康发展，为银行"控新治本、提质增效"提供了坚实的科技支撑。

中国银行以构建"数据驱动、动态分群"的授信模型体系为目标，构建了消费金融综合发展平台。该平台建立了动态占用的统一授信机制、全程联动的监控预警机制、动态优化因客定价机制和快速实现产品创新机制。平台主要特点表现在：一是采用报文动态解析、数据模型分层及预处理等技术构建企业级决策引擎，实现复杂场景下精准授信、预警监控、因客定价；二是综合运用队列管理、线程池、业务操作锁等技术建立灵活调度、优先处理和热点散化机制，有效支持复杂场景高并发处理；三是通过灵活流程、界面、功能的定制化快速实现业务产品创新；四是使用多层级矩阵式限额管控，实现跨系统动态占用场景下授信限额的集中统一管控；五是通过技术解耦、功能封装建立集中+分布式架构体系，为后续架构升级优化预留空间。系统投产后，截至2018年年底，挖掘产生白名单预授信个人贷款客户2000余万户，支撑中国银行个人贷款余额达3.46万亿元；同期中国银行个人贷款不良余额和不良率实现双降。

上海清算所以实现我国集中清算的场外信用金融衍生品，银行间市场信用违约互换交易的中央对手清算为目标，建设了信用违约互换清算系统。实现信用事件判定等特有业务模型，适用于场外信用衍生品集中清算的风险计量、监控体系，完成了银行间市场信用违约互换交易。该系统主要特点表现在：一是采用传统企业总线架构和微服务相结合的方式，适应信用违约互换业务领域模型更新频繁的实际情况；二是引入迁移学习思想解决了由历史数据缺失引发的信用模拟场景曲线构建问题及相应风险敞口计算问题；三是通过机器学习等技术手段预测信用事件发生概率，提高了风险管理水平。系统实施后，有效降低了违约互换交易的中央对手清算风险，促进交易、活跃市场，大大提高了清算效率和资金使用效率，拓展了信用衍生品领域，实现对利率、汇率、大宗商品和信用衍生品的中央对手方清算全覆盖。

平安银行在数字经济高速发展为银行信贷提出了新挑战和需求的背景下，以降低银行运营成本、全面覆盖银行资产业务、提升银行决策科学性、提升风险识别与处置能力、改善客户体验为目标，构建智能运营风控平台。平台利用海量数据，基于大数据数学算法建模平台建立了多维度账务监控模型，实现了总账核对的自动对账、异常账务监测、账户风险画像和资金关系图谱。该平台主要特点表现在：一是采用微服务应用架构和前后端分离技术，提高了平台组建化、标准化、快速交付能力；二是采用 Kafka 集群技术，提高了平台实时计算、性能横向扩展能力；三是采用大数据分析和关系图谱技术，提高了对风险事件的智能化精准发现能力。智能运营风控平台上线后，违法欺诈人员利用账户作案得到有效控制，截至 2018 年年底，涉嫌欺诈账户大幅降低，账务异常发现时效急速提升，账务异常监控范围从纯运营科目拓宽到全行所有科目。

海南省农村信用社联合社在基于大数据分析基础上，构建了海南农户小额贷款风控模型研究。实现了对农产品市场行情趋势的预测及对后续贷款项目的管控，简化了贷款手续，提升了客户体验，提高了审批效率，有效把控了风险。其主要特点表现在：一是综合农产品行情数据以及相关天气预报数据，提出基于向量自回归模型的农产品消费端行情趋势追踪方法，预测消费端行情；二是提出基于风险评价模型的供应端贷款风险规划，对供应端贷款业务进行统筹规划，以完善贷款政策、优化贷款评估指标。基于大数据分析的海南农户小额贷款风控模型研究的实施增加了农户贷款渠道，提供了线上贷款产品"一小通顺贷"，截至 2018 年年底，共计完成线上贷款 4563 笔，合同金额 2.41 亿元，贷款余额 7347.2 万元。同时，项目优化了信贷流程，降低了贷款风险，项目上线后，使用优化流程的信贷员的人均管户量提升约 10 倍，贷款不良率控制在 0.2%左右。

二、增强风险识别能力，提高风险管控水平

银行金融机构在通过架构升级调整、大数据分析、人工智能管控等技术手段的基础上，进一步增强风险识别能力，经过搭建各种风险识别平台，完善业务流程、建立规章制度等多措并举，不断提高风险管控水平。

中国银行立足改善集团日间流动性管理系统分散、头寸计算时效较低、全球实时监控预警手段不足等现状，以"建设业界领先的全球日间流动性管理平台"为目标，依托集团全球日间流动性管理经验和业务视角，构建了全球日间流动性管理平台。该平台主要特点表现在：一是应用部分采用 X86 架构，平台处理能力全球业务平均响应时间小于 2 秒；二是将日间流动性管理的"全集团、全币种、全流程"三个维度向系统集中，实现管理由"人控"向"机控"的重要转变；三是系统支持多时区自动化处理头寸管理机制，以及多情境数据分析和精准科学趋势预测等重点功能。

全球日间流动性管理平台实施后提高了中国银行流动性管理效率，通过更精准的日间头寸信息和更科学的趋势性分析，压降全行备付水平，更大程度盘活剩余资金，为全行流动性管理和业务发展提供资金支持。依据外部监管和内部管理要求，内置风险量化指标，对各流动性指标实时监控、头寸调拨限额审批，最大程度降低资金调度操作风险。平台的分析功能也将助力更前瞻性的管理和更快速的响应机制，进一步提升日间流动性管理效能。

图 5-2 全球日间流动性管理平台应用架构图

中国邮政储蓄银行立足于中国邮政储蓄银行战略发展，以"实时识别交易风险，实施动态安全策略，及时处理不安全交易"为目标，建设了支付业务风险监控的应用系统。实现中国邮政储蓄银行互联网金融风险交易由事后监控到实时监控的转变，该系统主要特点表现在：一是通过自主研发的流式大数据处理技术，突破性的解决了实时识别风险交易时对海量数据进行复杂运算的效率问题，满足了系统实时识别风险的要求；二是采用无锁编程框架，极大地提高了系统的处理能力，同时支持集群的横向扩展，实现单节点的系统吞吐量可以达到9000TPS（服务器每秒处理的事务数）。

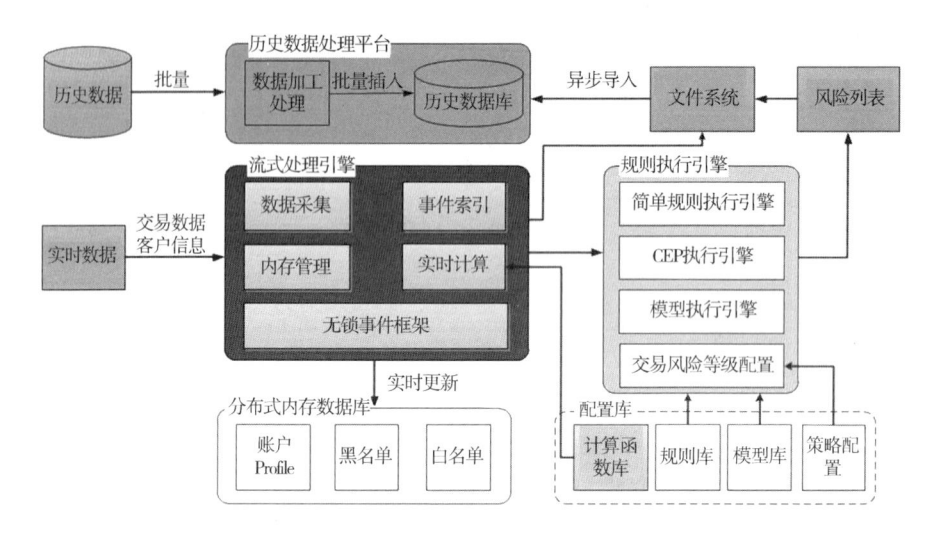

图 5 – 3　支付业务风险监控的应用系统技术架构图

支付业务风险监控的应用系统实施后，有效识别了第三方支付业务的实时交易风险，并通过对无风险交易直接放行、低风险交易二次验证、高风险交易人工外呼或人脸识别等多种验证方式，及时处理不安全交易，为保护客户资金安全，减少银行损失提供了有效保障。

中信银行立足实现授信业务管理"四全"（全机构、全客户、全产品、全流程）的电子化处理，以构建授信政策闭环精细化管理与全流程应用体系为目标，建设了新一代授信业务管理系统，实现了授信政策、名单控制、授权的全流程自适应控制。该系统的主要特点表现在：一是系统采用"三多"（多法人、多时区、多语言）的技术实现方式，支持了中信银行集团内不同实体间的业务办理要求；二是采用企业级的自主研发平台，保证项目实施工艺和标准统一，可持续演进；三是引入了 Redis 缓存、规则引擎、流程引擎等业界主流技术,即满足对业务办理效率的要求,又兼顾风险防范;四是采用非侵入式数据实时同步技术,实现了数据的毫秒级准实时同步,满足了业务准实时查询分析的要求。

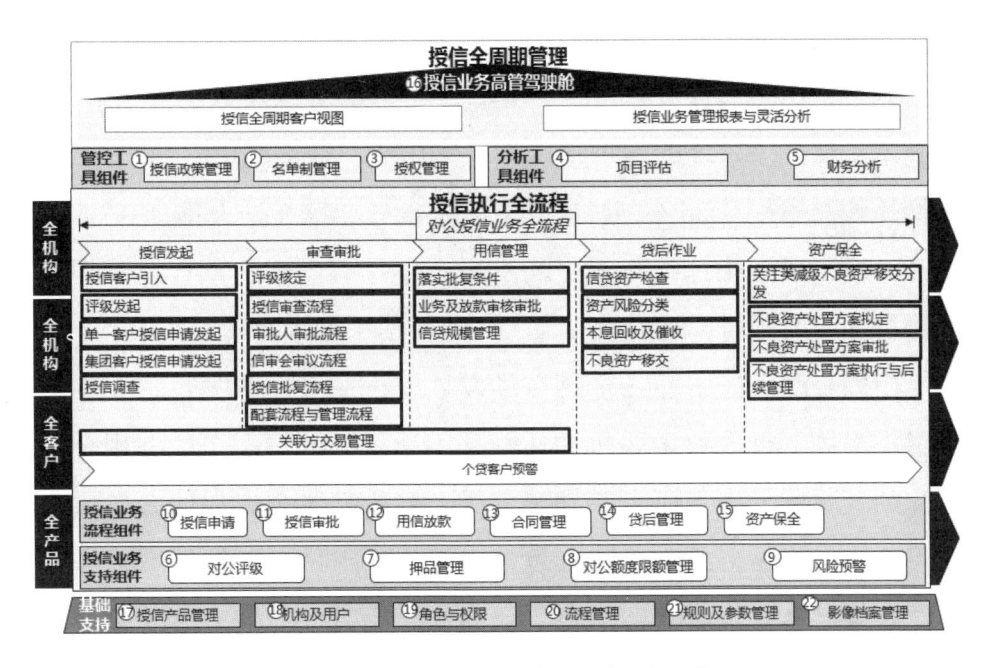

图 5-4 新一代授信业务管理系统业务架构图

新一代授信业务管理系统实施后,截至 2018 年年底,日均登录人数约 2.5 万人次,日均交易量 400 万笔,交易响应成功率约 99.97%,总分行完成信贷审批项目 41602 笔,成功放款合同 60659 笔。实现了中信银行授信业务的全机构、全客户、全产品、全流程覆盖,提高了业务处理效率,强化了风险管控,支持业务发展、产品创新和决策分析,提升了全面风险管理水平和战略发展能力。

中国光大银行在原信用卡交易欺诈侦测系统面临信用卡呈现产业化、智能化趋势,仅能支持事后被动式侦测机制的基础上,建设了信用卡交易实时反欺诈系统。该系统主要特点表现在:一是基于机器学习构建模型，实现了交易欺诈的实时侦测和拦截，降低了客户的用卡风险，提升了信用卡业务的风险防范能力；二是通过神经网络、极端偏离等方法对持卡人的行为进行分析，进一步优化了风险识别与处理能力；三是使用流数据处理技术，实现了交易欺诈的实时判定；四是通过负载均衡、分布式集群部署以及数据库 RAC 集群技术，保证了系统的高可用。系统实施后，截至 2018 年年底，欺诈交易侦测率提升 28%，误报警率下降 84%，欺诈损失率为 0.05 个基点，优于银联统计的行业平均水平，在提高信用卡欺诈风险识别及防御能力的同时，也节省了人工，降低信用卡风险管理成本。

中国金融认证中心在金融市场发展资金业务需求量巨大，而市场经济形势下行导致金融机构坏账率不断攀升的情况下，利用全球领先的开源技术作为研发基础和支撑，打造立体全流程的金融风险监控平台。该平台的主要特点表现在：一是用户可以轻松掌握企业整体画像，建立企业立体形象，辅助相关决策。二是通过对企业关联关系图的梳理，结合企业破产前后的风险信息进行大数据分析，建立了企业的风险传递模型。三是通过数据可视化技术以多种图表进行展示，便于用户对企业信誉、社会评价有一个参考。平台实施后，截至 2018 年年底，已上线 100 余家金融机构，服务可用性达到 99.99%，该项目现有系统可支持 1000 万用户使用，提高金融服务效率，降低金融服务成本，助力金融普惠。

中国农业发展银行在利率市场化改革加速，国内银行业务开展和盈利模式造成较大冲击的环境下，为适应业务发展与管理模式的转变，提升自身管理决策水平，提高银行整体盈利能力，启动了内部资金转移定价及头寸管理系统建设。该系统主要特点表现在：一是采用分布式计算的结构，把前台交互、计算管理、计算引擎进行分离并分别部署，保证系统的高可用性；二是基于Java Web技术实现，主要为用户提供前台界面，为系统提供各种接口，实现金融业务逻辑的自主化；三是采用国际通用开源的金融体系框架，采用身份验证、数据加密、访问控制、数据隔离等计算手段，确保符合系统的安全性要求；四是采用Mina框架和主键事件机制，实现自动线程管理，并将数据接入和数据处理进行剥离，降低高并发情况下的峰值压力。系统实施后，截至2018年年底，日间头寸管理系统的注册用户总数达5992人，有效使用人数5531人，人民银行账户实时查询30秒/次，日均处理实时交易量约3万笔，分支行日预报量日均在3000笔左右。

第二节 强化运营能力建设，提升精细化管理水平

面对市场竞争的白热化和金融科技的快速崛起，运用信息技术平台转化为银行运营管理的治理策略，愈加成为当前银行提升精细化管理的重要手段。为了达到业务发展和技术能力相匹配，银行金融机构需要积极转变技术管理思维，创新信息科技管理模式，不断通过优化运营管理平台，提高资源配置效率，构建银行智慧营销平台，丰富客户金融产品供给，提升银行业整体的精细化管理水平。

一、优化运营管理平台，提高资源配置效率

金融机构依托多种运营管理手段，建立起日益完善的综合化、

市场化、多元化的运营管理平台，甚至规模化的云运营平台，其目的都是为了统一资源配置，汇集金融市场交易数据及市场资讯信息，提升其对运营管理的高效应对，以达到对金融机构的精细化管理。

中国建设银行在企业级业务建模基础上，从全行角度对配送业务相关流程进行整合，按照法人维度建设覆盖现钞、贵金属、重要空白凭证、银行卡、网银盾等重要营运资源的全球一体化统一配送平台。该平台有以下主要特点：一是引入物联网技术，采用智能扫描终端及贵金属保管柜盒等设备提升集中配送效率；二是建立现金备付预测模型，降低现钞库存占用，提升现钞库存的成本控制水平；三是实现制卡数据自动整合处理和集中管控，建立制卡数据安全管控机制，统一全行制卡流程，提高制卡作业效率和风险防控能力；四是形成营运资源的统一可视化视图，支持经营管理决策，提升风险控制水平，对准确高效的业务执行和业务决策提供了重要依据；五是为全行其他应用系统提供统一的现金重空及实体柜员和虚拟柜员的尾箱管理服务，实现全行 7×24 小时不间断的全球化现钞、重空、银行卡、贵金属、网银盾等物品的全生命周期管理。

全球一体化营运资源配送平台实施后，实现了营运资源的计划、订购、出入库、领用、调拨、作废、销毁等全流程管理，调拨作业效率提高40%以上，盘库操作效率提高50%，贵金属库容占用降低65%。截至2018年年底，日均完成调拨业务1.3万笔，上门收款业务2万笔，减少人力成本、设备成本、库存空间、办公材料费用四个方面的开支，年节约成本约3亿元，有力保障了全行现金等重要物品的供应，提升了银行配送业务的集约化经营水平。

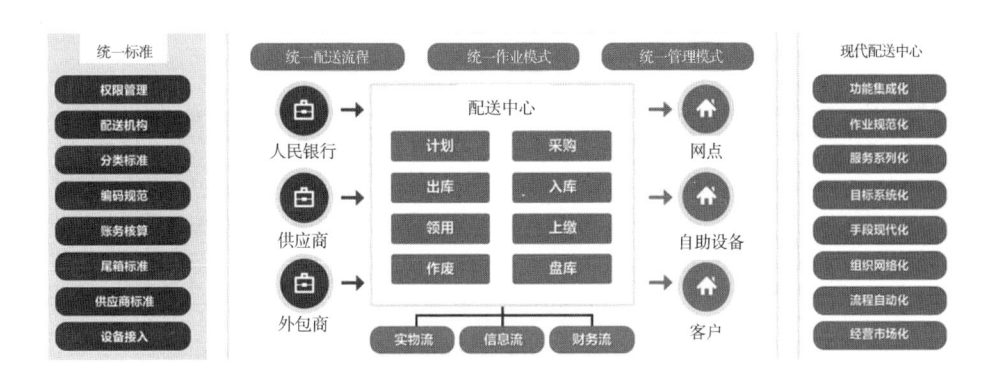

图 5-5　全球一体化营运资源配送平台应用架构图

广发银行基于大数据平台、实时流式处理技术，构建金融市场交易统一管理平台，为金融市场交易的交易管理、流程审批、风险计量、额度控制、合规检测等业务应用提供综合解决方案，取得了良好的业务成效，同时达成高性能、高规范、高扩展、低成本、标准化的预期技术目标。该平台具备以下优势：一是业务功能完整强大，实现市场动态数据、静态数据、交易订单集中接入，提供统一审批流，实时风险监管指标校验和额度检测，事后风险计量，以及敞口和组合管理。二是数据传输高性能，基于流引擎技术应用，支持数据实时不落库传输，也通过流引擎+App模式提供逻辑加工后的实时传输，以及落库后的批量传输。此能力直接促成了金融市场汇率数据单点接入、单点发布的高效发布方案的实现。三是数据交互标准化，灌注ISO 20022、IMIX、FIX金融信息交互标准，融入内外数据交换、内部数据交换两类过程，成就良好的扩展性。四是数据扩展能力优越，支持众多交易市场异构数据以及非结构数据处理，采用分布式架构实现多类数据并发处理和存储、查询。五是技术维护低成本，广泛整合主流开源工具，使得其能以较低成本获得运维资源。

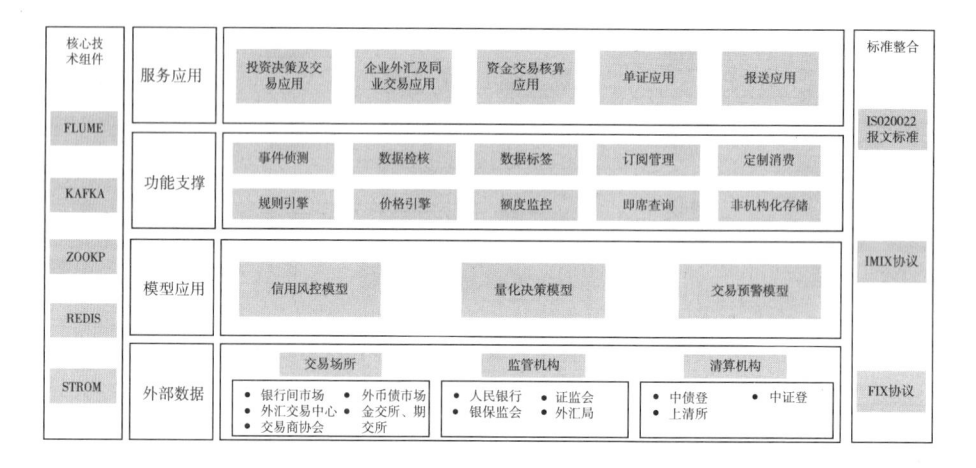

图 5-6 金融市场交易统一管理平台总体架构

该平台上线运行后，金融市场领域的交易处理和业务管理水平得到极大跃升。该平台也将其效能辐射到前台和后台系统。面向前台系统，提供高时效的、标准化的量化交易数据基础，面向后台，提供更为一致的交易数据，节约后台交易吞吐消耗，缓释后台交易处理的性能压力。更为重要的是，基于大数据、高效能的特性，该系统仍有极大的应用和输出潜力，可作为中期智能交易、智能风控的创新应用基础平台，助推金融科技创新突破。

中国银联为了实现生产环境自主化、标准化、自动化、规模化、可视化、场景化运营，建设了面向云数据中心的规模化云运营平台。该平台主要特点表现在：一是平台由中国银联自主设计开发，采用开源技术框架，代码完全由中国银联所有，可自由定制和改造；二是伴随平台建设，统一相关运营标准，使自动化成为可能；三是数据全部整合对接，实现从创建虚拟机到数据库到监控配置和安全配置的各运营场景自动化；四是操作与数据、监控等实现可视化，更直观易操作；五是从运营的场景入手，在不同场景整合不同功能，使操作更流畅；六是平台设计打破原有组织架构分工，按场景实现最终用户的自助化实施，简化中间各组织间的流程串接。规模化云运营平台实施后，截至 2018 年年底，人均管控节点数从 14.11 提升至 76.8，运营能力提升 4.4 倍；支持了公司每年的"6·2""双 12"等重大营销活动；资源总体利用率提升 30% 以上。同时提供了可编程的运维开发方法，运维开发部署效率提升了 3 倍以上，规模化运营能力得到进一步提高。

二、构建智慧营销平台，丰富金融产品供给

金融需求的多样化、多变性与银行提供的金融产品密切相关，只有银行服务好客户，才能做到急客户之所急，当前银行通过建设智慧营销平台，丰富金融产品供给，实现客户的精准营销，其真正意义是实现和发展银行的精细化经营管理理念。

中国农业银行在国家"三农普惠"战略和"人工智能"战略的大背景下，积极响应国家战略，贯彻服务三农普惠战略，基于"全客户、全产品、全渠道、全领域"的理念，构建了"极、富、智、慧"的智慧营销平台。该平台主要特点表现在：一是平台以"一体两翼"架构为基础建设架构，为整个平台的建设提供架构支撑，保证了平台的整体可扩展性；二是针对营销领域数据量大、数据维度多的特点，平台应用大数据技术各个架构层级的主流组件，对营销数据进行提取、清洗和加工；三是结合主机平台与开放平台，共同构建客户统一视图及画像体系，实现了主机平台与开发平台之间客户统一视图的共生共享；四是基于金融 AI 技术、实现全渠道触达的

智能营销；五是依托于 PaaS 云平台，实现了基于前后端分离及微服务的共享云服务框架；六是打造了插件化和组件化的移动端微应用框架，可迅速响应复杂、多变、个性化的业务需求；七是区块链打造去中心化业务，构建全方位运营监控中心。

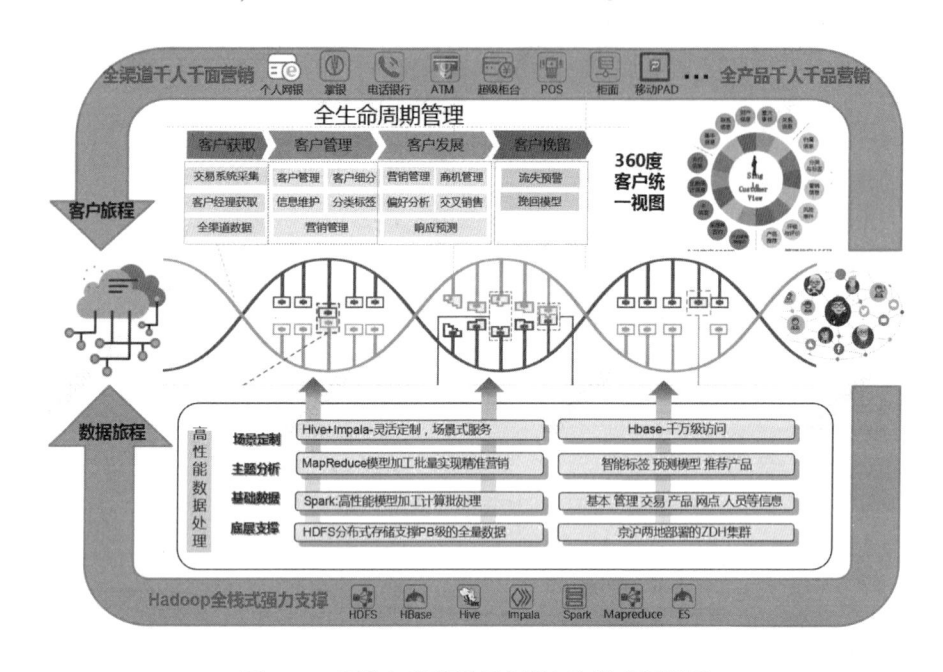

图 5-7　零售智慧营销平台服务和输出逻辑图

零售智慧营销平台涵盖营销作业、数据分析、销售业绩、统一视图四大中心，截至 2018 年年底，实现管理 5 亿客户，服务 1.3 亿直管客户，管理金融资产超过 10 万亿元。获客、活客能力大幅提升，精准营销客户申请率提升 25 倍。

广发银行在基于数据驱动进一步整合营销机会基础上，以打通营销渠道、改善客户体验、降低营销成本、提升营销效率为目标，构建了智能化实时营销平台。该平台主要特点表现在：一是通过机器学习平台构建高维度特征的智能推荐模型，并通过增量学习技术，打造个性化推荐模型的自适应学习能力;二是以流式计算技术为基础,建设决策规则引擎,实现高交易并发下的毫秒级决策运算,并通过与人工智能模型的对接,实现专家经验与人工智能的融合与互补;三是构建高可用、可扩展、松耦合的系统接口,对接手机银行、信用卡发现精彩、微信银行、个人网银、移动 CRM 等触客渠道,实现全行营销渠道协同;四是充分利用大数据平台基于全行客户数据挖掘的 8900 万客户画像,有效洞悉客户需求及偏好;五是以渠道为载体,打通手机银行 App、发现精彩 App 等渠道,构建营销数据闭环,实现营销活动无缝触达及营销活动迭代创新优化。

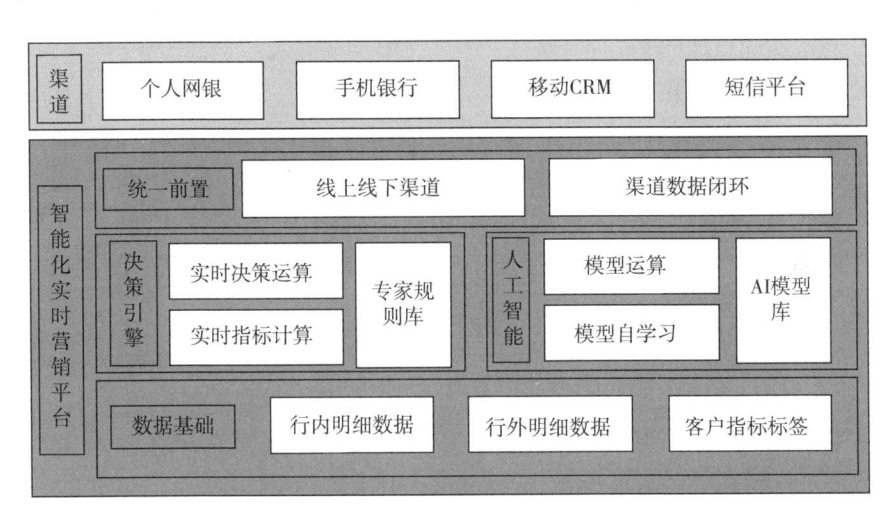

图 5-8 智能化实时营销平台总体架构图

智能化实时营销平台实施后,截至 2018 年年底犀利卡、给利卡及 ONE 卡的开卡量大幅度超额完成;在普惠抽奖、权益赠送等营销活动场景下的客户活跃度大幅提升,客均消费笔数提升 20.55%,客均消费金额提升 27.28%;分期营销成功率平均提升 3.49%,同时分期资金收益率由 6.75% 提升至 7.50%,提升 0.75 个百分点;理财产品手机银行渠道的销售额同比 2017 年增长 92.35%，其中个性化推荐的销售额占比 16.90%。从银行业务场景应用中，取得显著业务成效，极大改变了原有传统的营销模式。

交通银行构建了面向银行业务模式智慧化转型的移动服务平台，为行内所有条线用户提供了一个综合、统一、便捷、安全、易扩展的移动端工作平台，实现了厅堂服务、外拓获客、客户服务、内部管理等方面的应用功能。该平台主要特点表现在：一是采用平台化的设计理念，提供统一的移动端服务门户，并基于功能权限模型提供千人千面的用户视图；二是前后端业务逻辑高度模块化，有效降低了业务间的耦合度，提升了系统稳定性；三是基于人脸身份识别技术，对于安全级别较高的重要交易提供了身份核验机制，有效控制了交易风险；四是支持多笔交易并行办理及切换；五是可提供移动设备从注册、激活、使用、到淘汰、丢失等各个环节的全生命周期管理。该项移动服务平台截至 2018 年年底，已覆盖交通银行所有分行，总用户数达 4.7 万人，占其员工比例为 47%，日均交易笔数 140 多万笔，促进其网点客户分流率达 48%，客户平均等候时长由 22 分钟缩短至 7.5 分钟，有效促进了交通银行分流压柜和服务模式转型工作的开展，为其业务模式转型发展起到了积极的推动作用。

上海银行为了实现柜面业务前台交易界面的转移，达到可办理各类柜面业务，同时具备面向客户的营销服务目的，建设了智慧柜面平台。该平台主要特点表现在：一是建立渠道接入模块，支持可扩展的多种业务渠道；二是引入生物识别，客户临柜进行活体检测及影像采集；三是利用电子签名、数据加密传输等技术，将签名数据转化为矢量信息传输，实现客户签名具有可回溯性；四是引入

RPA 技术，将复杂、重复的柜员操作进行规则化整理；五是采用开放式、跨平台设计，支持各类主流操作系统及数据库之上进行应用部署；六是实现柜面交易购物车式、无纸化式。智慧柜面平台实施后，柜面单笔耗时节省 5 分钟，客户等待时间由传统模式的 7 分钟缩短至 1 分钟；客户填单时间由 20 分钟缩短至 2 分钟，准确率达到 100%，有效提升开户效率；人民币结算账户备案处理时间由单笔 80 秒降至 5 秒，效率提升 93%。柜员办事效率、业务处理时间、业务成功率、客户等待时间、客户满意度等多方面整体提升显著。

第三节 健全金融行业规范，助推金融标准化建设

金融行业标准规范的制定是一项极其重要的工作，也是监管部门重点关注的领域。银行通过制定金融产品的标准可以为产品提供描述基础，推进相关领域的标准化建设进程，是对金融基础建设领域的探索和创新，为金融同业科技创新发展提供可参考蓝本。

中国农业银行在确立银行产品基本概念的基础上，以建立银行产品描述模型为目标，牵头制定了 GB/T 32319《银行产品说明书描述规范》。该国家标准主要特点表现在：一是形成了对银行产品基本概念的共识，结合 ISO 9000 系列标准、联合国审计署的中央产品分类（GB/T 7635-2002《全国主要产品分类与代码》）中有关产品与服务的定义和描述，认为银行产品实际上包括了产品与服务；二是形成了银行产品说明描述原则的共识，即确保有效实用、可以逐步规范、信息分级要求、便于贯彻实施；三是形成了对银行产品描述基本逻

辑模型的共识,在项目研究过程中,建立了给出产品定义,列出产品要素,对要素的可能取值仅做原则说明但不进行限制的框架模型思路;四是形成了对银行产品描述依从性选择的共识,对标准要求的描述内容,分为最小一致、等同一致、选择一致、扩充一致、增减一致、条款一致六种遵从模式;五是形成银行产品凭据共识,在标准中,专门提出了银行产品凭据的概念。

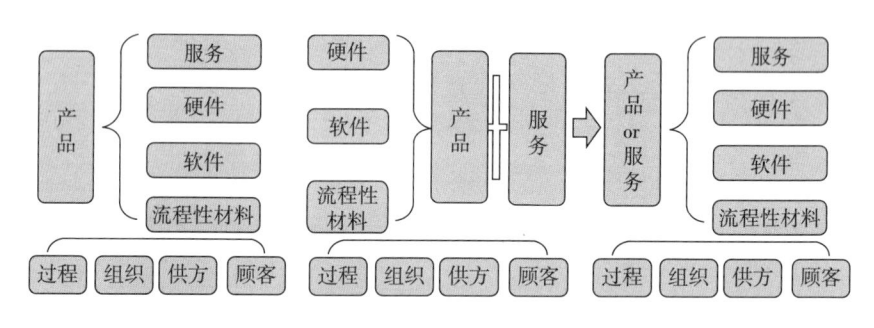

图 5 – 9 《银行产品说明书描述规范》说明图

《银行产品说明书描述规范》的发布实施,以及 18 家金融机构的产品说明不同程度地符合标准,整体上为实现规范描述银行产品提供了基础,也使得客户能够准确了解银行产品,识别产品风险,找到真正适合自己的产品。在该标准基础上起草的国际标准 ISO 21586《银行产品服务描述规范》已经进入国际标准草案投票阶段(DIS 投票阶段),标志着中国金融标准国际化迈出了重要的一步。

中国农业发展银行在结合其目前数据资产状况和系统建设现状的基础上,以建立适应农业政策性银行特色的数据标准组织管理架构、数据标准体系框架及数据标准管理制度等数据管控体系为目标,制定了农业政策性银行企业级数据标准。该标准主要特点表现在:一是填补了国内农业政策性金融领域数据标准空白,其数据标准涵盖中国农业发展银行主要业务领域；二是充分吸收监管部门新的管理思想和要求，具有较强的现实指导意义；三是吸收同业先进建设经验并结合自身特点进行创新，为农业政策性银行全面开展数据治理工作奠定了良好基础；四是构建了符合农业政策性银行业务特点的数据标准体系，满足政策性业务精细化管理及统计分析的需要。农业政策性银行企业级数据标准为中国农业发展银行将数据作为重要资产进行管理，保证数据的完整性、有效性、一致性和唯一性，提升数据价值的创造能力，促进业务稳定和金融创新，提升核心竞争力提供了依据和保障。

第四节 小 结

金融机构在加快信息化建设的基础上，着力增强风险防控与运营管理能力提升，并通过制定金融行业标准规范业务发展，保障社会经济稳定运行。风险防控方面，中国农业银行等机构加快金融风控体系建设，应用人工智能等技术打造自动化、智能化的风控平台，并完善风控业务流程，建立多维度、全方位的风险防控预警机制，加强同业风控信息共享与协作，实现预警自动化、产品创新化、决策智能化、处置科学化，解决了高风险业务的甄别和处置难题，全面提高风险防范能力，保障金融业务健康发展。运营管理方面，中国建设银行等机构通过对新技术应用于智慧经营的探索、研究，构建智能化等运营管理平台，覆盖现钞、贵金属、重要空白凭证、银行卡、网银盾等资源管理和全球化统一配送，实现服务渠道多样性、金融产品多元化，突破金融服务"最后一公里"的制约，提升银行精细化管理水平。金融标准化建设方面，中国农业银行等机构推进金融行业技术产品标准化建设，加大金融标准化落地实施力度，积极参与国际标准制定，助推我国金融科技标准向国际化发展。

第六章　加强安全运维体系建设，提升信息科技支撑效能

近年来，银行系统面临的内外部风险威胁持续升级，为保障在灾难风险出现时各业务系统安全稳定运行，亟须引入一体化灾备运行体系以提升业务连续性水平，构筑安全防护体系以提升网络防护能力。为适应快速发展的业务需求，需要创新研发管理机制，提升开发、测试、运维的标准化水平和自动化能力，保障业务的健康可持续发展，促进产品服务效率提升。借助人工智能、大数据分析、机器学习等新技术手段，金融科技与安全运营深度融合，给系统运维提供可靠的技术支撑，辅助提升运维效率，将运维工作由原来的"支持保障"向"主动感知式"的智能模式转变。

第一节　建设灾备安全防控体系，筑牢系统运行可靠防线

随着银行业务不断扩充和金融服务不断下沉，金融机构系统基础设施的灾备体系建设显得愈发重要，如何在灾备风险出现时保障各业务安全稳定运行和面临黑客网络威胁下保证客户信息数据安全

成为了重要课题。一旦灾难来临,金融需求与生命救援并重并行,金融系统灾备和网络安全防护应该像消防安全一样引起全社会的关注。

一、加快容灾体系建设,保障业务连续运行

在 IT 技术不断推陈出新的新形势下,金融机构持续加大对重要信息系统备体系的建设力度,不断提高业务连续性管理能力及科技服务水平。

中国农业银行为提升信息系统的业务连续性,防范出现极端灾难风险,制定并实施了符合自身业务发展的信息系统灾备两地三中心方案,创新性地采用"同城转发、异地双活"架构,实现了核心系统及关键渠道系统的异地双活模式,经过数次成功实战演练,验证了灾备体系的有效性。与传统方案相比,具有资源投入少、异地切换快、演练更容易、数据更安全、运维更高效的优势。

中国农业银行基于实时数据复制技术,通过数据生命周期优化、联机热点分散、批量削峰填谷等应用改造手段提升数据复制效率,将远程异地数据延迟时间控制在秒级;通过联机应用补偿机制保障数据的完整性,实现了重要系统园区级灾难"$RPO = 0$、$RTO < 5$ 分钟",区域级灾难"$RPO < 5$ 分钟、$RTO < 5$ 分钟"的设计目标;通过应用智能 DNS 及自主研发的一键式平台减少切换时间,实现了核心系统异地分钟级切换;通过系统一体化运维管理,进一步提升了异地双活部署模式处置极端风险的效率。

第六章 加强安全运维体系建设，提升信息科技支撑效能

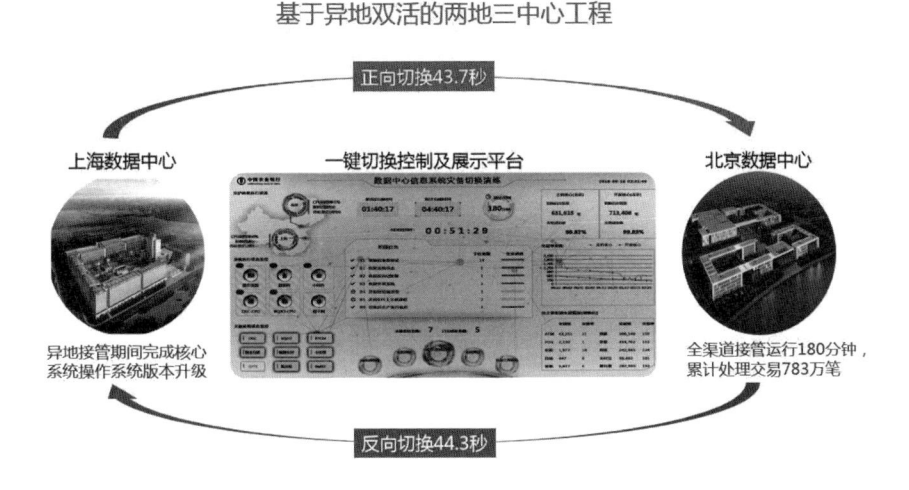

图 6-1 中国农业银行灾备切换演练场景

通过灾备项目建设，中国农业银行构建了涵盖应用、系统、网络、运行等全领域的异地双活灾备体系，形成了适应异地双活的应用设计开发的一系列方法论和技术规范，具备全天候防范区域级灾难的能力，大幅提升业务连续性水平，保障重要业务运营安全，对同业具有借鉴意义。通过异地灾备切换实施重大生产变更，大幅缩短生产系统停机时间，较原重大变更提供了更长的业务服务时间，进一步增加业务系统的经济价值。

深圳前海微众银行在两地三中心的灾备基础上，为更好地满足互联网客户的 7×24 业务服务需求，采用分布式架构启动实施了全行业务系统同城多中心多活的规划和建设，实现同城任何一个数据中心故障不影响对客户的业务服务。深圳前海微众银行的灾备方案具有以下特点：一是构建同城多平面网络架构，提供每 IDC 400G 出口带宽及快速容灾切换能力；二是构建数据同城三副本与跨数据中心的强同步架构，通过 TDSQL 分布式数据库技术保证跨数据中心的数

据一致性;三是通过分布式消息总线实现系统间通讯消息自动路由、系统自动接入,并支持系统同城跨数据中心弹性部署;四是通过分布式消息总线实现对消息流转路径的控制,缩短交易时延;五是分布式消息总线提供自动化运维能力,支持在线平滑扩容和消息队列迁移,可一键切换流量;六是支持多数据中心外联接入,跨 IDC 实现负载均衡;七是生产变更平滑、服务器迁移不停服,支持 7×24 发布和灰度发布。同城多数据中心多活改造完成后,灾备演练实现了断网时业务交易成功率保持不变,实现单数据中心断网对业务无影响,其中同城 RPO 等于 0,同城 RTO 接近于 0。

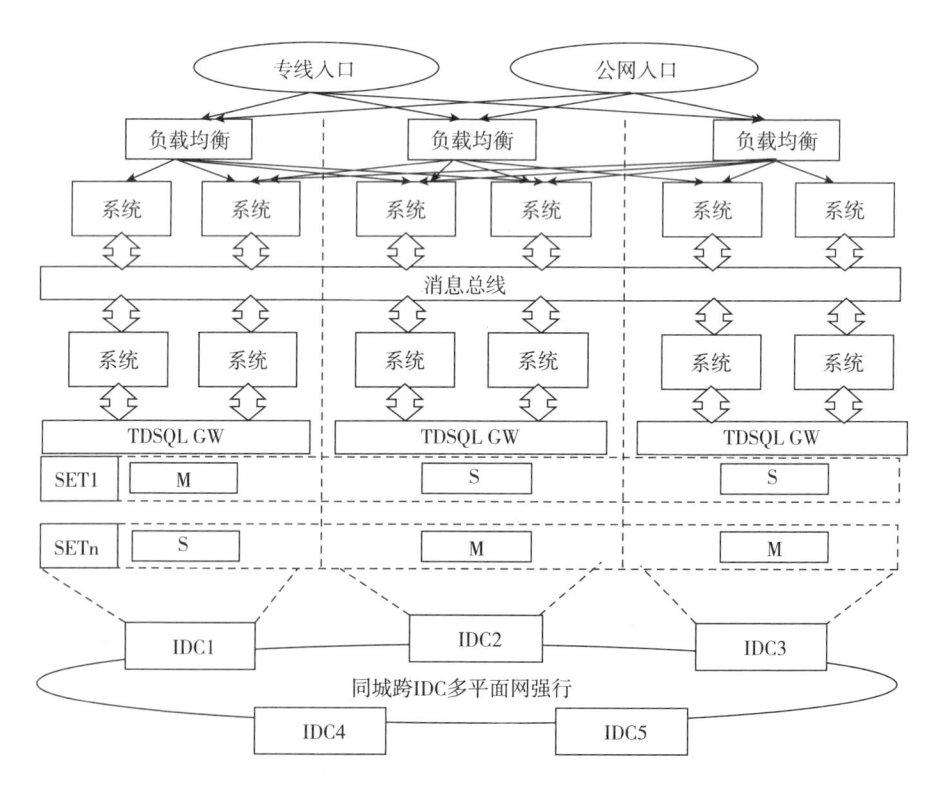

图 6-2 深圳前海微众银行同城多中心多活改造整体架构

项目的实施成功验证了基于分布式架构的同城多数据多活架构在银行业实施的可行性，为后续进一步研究和提升银行业务连续性水平、探索异地数据中心多活奠定了坚实基础。

中国邮政储蓄银行对储蓄逻辑集中系统、渠道管理平台等重要业务系统实现了同城双中心应用双活和双活灾备模式，支持跨中心的快速切换，降低突发事件带来的社会影响，为相近业务体量的金融机构核心系统构建应用级灾备提供了借鉴。其中，储蓄逻辑集中系统采用小型机集群架构，构建了个人业务核心系统同城双中心应用双活灾备，采用应用层双中心全负载均衡控制策略和自动故障隔离机制，提高了系统的可用性和快速恢复能力。渠道管理平台采用双活灾备架构，自主研发基于数据库操作对象的快速同步技术，提升了大数据量的数据交叉同步效率。

天津滨海农村商业银行为适应互联网业务的快速增长，通过负载均衡、性能优化、流量智能调度、健康状态全面检查、智能运维等手段，构建了一套高可靠、易扩展、智能化的同城数据中心应用双活架构，实现多中心业务级应用的无缝交付及多中心并行运营，在提升业务持续性的同时盘活备用数据中心，大大提升行内投资回报率。该架构利用智能 DNS 解析技术实现不同数据中心多站点的负载均衡调度，通过全局负载的 DC cookie 技术实现了跨数据中心会话保持，提供多种应用级的故障检测机制和独有的被动式健康检查机制，当服务器压力较大时，负载设备会根据突发情况灵活处理业务流量；基于自主可控的负载均衡实现生产系统多活架构的应用实践，提升业务系统可用性，增强客户访问体验，加强风险管理能力，提高业务连续性管理能力。

晋商银行充分利用同城灾备中心资源，探索支付系统同城双活模式，以"双中心、多通道、高可用"的核心理念，打造二代支付系统四机并行前置系统，将大小额支付及超级网银系统进行整合，以 7×24 小时零中断为目标，并重点保障"双十一"、春节等期间交易量较大情况下的系统平稳运行，向客户提供安全、实时、快速的转账支付服务体验。通过基于 ZooKeeper 的分布式集群模式在数据中心和灾备中心分别部署、同时访问等机制，在双中心双活工作模式下，避免大小额支付系统和网上支付跨行清算系统因单点或单中心接入可能引起的业务中断，所有的支付业务同时在两个中心运行，达到了全年连续稳定运行，保证系统的可靠性和稳定性。

二、巩固安全防范阵地，提升网络防护能力

攻防对抗的不均衡性，使传统的银行系统防护体系边际效能和收益逐步减弱。APT 威胁、零日攻击等高级黑客手段持续激增，安全态势日趋严峻，选择前沿的技术手段提升安全防护体系势在必行。拟态防护、纵深防御、态势感知、威胁狩猎、安全运营成为安全建设的热词并在银行业得到探索式落地，取得丰富的实施经验和成果。

中国工商银行的两个项目——拟态安全防御体系和信息安全运营中心（SOC），以基于主流信息安全技术与最佳实践经验，为客户信息安全与业务稳定运行保驾护航。

中国工商银行拟态安全防御系统运用拟态安全防御理论，基于多元异构、动态冗余的系统架构，运用拟态安全防御系统的分发表决机制，主动阻断安全威胁，实现了嗅探扫描防御、漏洞攻击防御、木马攻击防御等功能。拟态原指生物学中通过不确定的色彩、纹理、

形状和行为变化来给攻击者造成认知困境并降低被攻击风险的现象。借鉴这一概念提出了网络空间拟态防御理论，为应对网络空间中不同领域、应用层次上基于未知漏洞、后门、病毒或木马等未知威胁，提供了具有创新、普适意义的防御理论和方法。

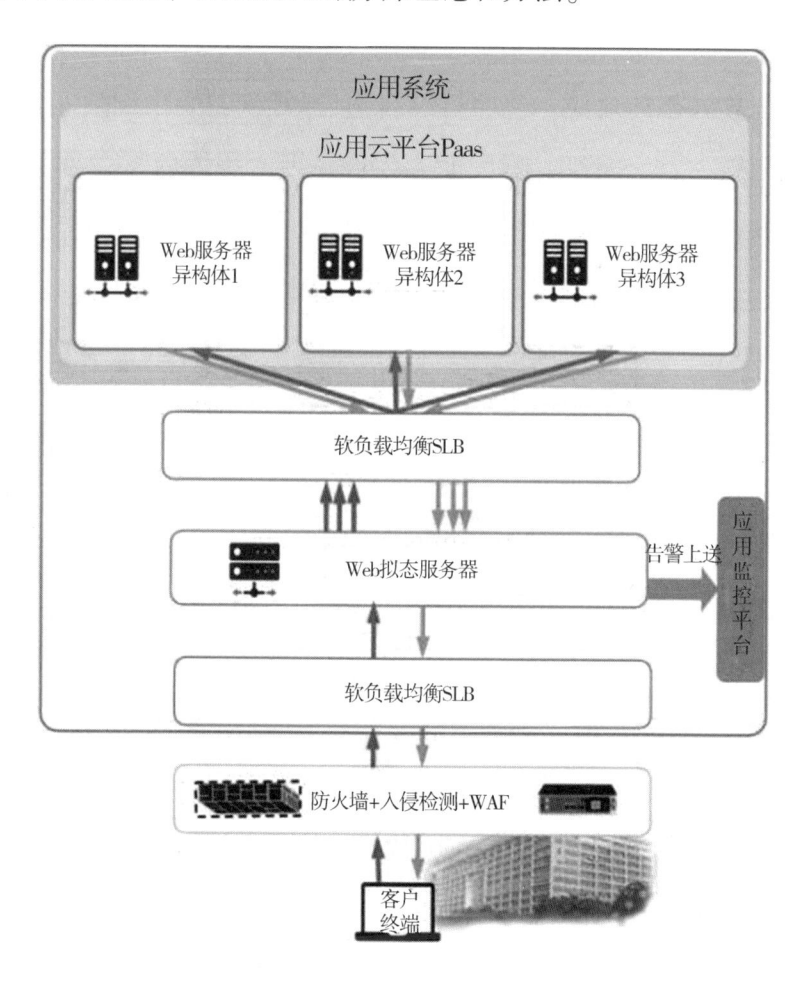

图 6 - 3　中国工商银行拟态安全防御系统

拟态安全防御系统的实施，为金融机构加大开源软件使用、促进业务技术创新、提升信息系统安全可靠水平提供了安全保障。目前已经在工银 e 生活应用系统中信用卡申请等场景中投产使用，经过红蓝对抗验证，为拟态防御技术和产品的发展提供了范本。

中国工商银行信息安全运营中心 SOC 项目的建设，依托 Hadoop、ES、Spark、Kafka 等分布式计算技术，通过汇聚多渠道安全数据与日志，结合威胁情报、信息资产，利用大数据、人工智能的分析优势，打破安全数据孤岛效应。遵照持续自适应风险与信任评估（CARTA）模型，聚焦运营、编排、响应能力建设，进一步突破安全知识孤岛，实现人员、技术与治理的耦合协同运作，为安全态势感知奠定了基础。

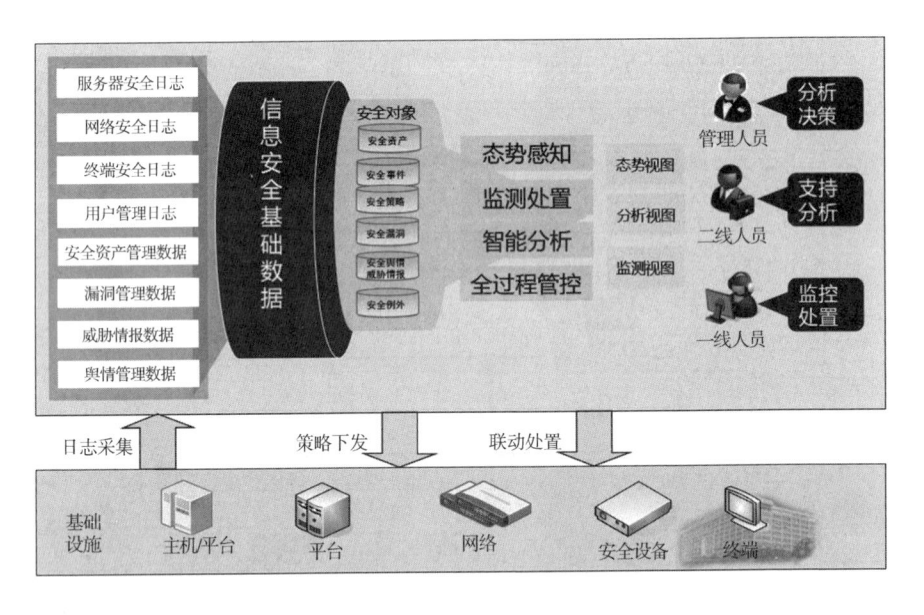

图 6-4 中国工商银行信息安全运营中心 SOC 项目

中国工商银行建立了以 SOC 为支撑的全集团统一信息安全一体化运营管理新体系，从服务、流程、技术、人员、场地等方面形成了一整套有机的运作机制，切实提升全方位全天候实时感知能力。项目通过构建多层次立体的安全模型监测体系，实现智能数据挖掘，通过与上下游多系统的联动实现了自动化处置措施；通过安全事件、安全策略、安全漏洞、安全舆情等全生命周期管控流程，结合威胁情报，实现了攻击链的建立和追踪溯源；通过简单易用的安全态势可视化展现功能，实现全集团各机构安全管理集中管控，为不同层级人员提供了多角度的安全状态视图，提高全面风险感知的能力和各分支机构的管理便捷性。

中国农业银行聚焦主动防御、深度检测、纵深防御三方面，构建了网络安全深度防护体系。在主动防御方面，开展全行性漏洞扫描和修复，制定漏洞处置机制，开展修复工作，形成管理与技术相结合的安全闭环管控。在深度检测方面，将深度流量检测和可疑文件动态分析技术应用到实际的网络安全防护中，提升应对高级攻击和未知威胁的检测能力。在纵深防御方面，将传统的网络层安全防护扩展到应用层，加强应用层攻击的实时阻断防护，并通过多源日志分析和外部情报，实现多维安全分析及精准告警。

网络安全深度防护体系模型

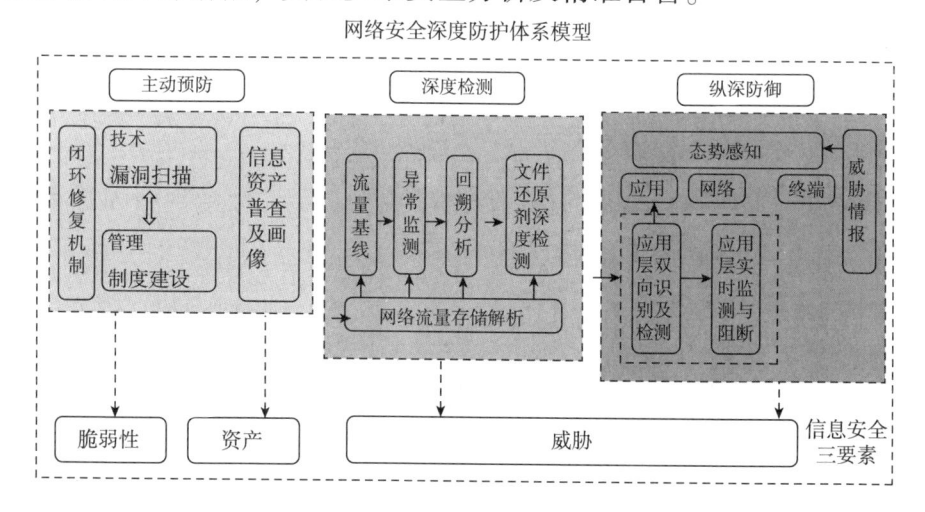

图 6-5 中国农业银行网络安全深度防护体系模型

中国农业银行通过项目实施，利用科技手段提升业务的安全性，减少了网络攻击带来的经济和声誉损失，为银行业务的快速发展提供了网络安全保障。项目的研究过程和成果对整个金融机构科技条线的网络安全防护都具有良好的普适性，为其他金融机构的安全建设提供了参考和借鉴。

中国民生银行提出基于"钻石模型"的立体化安全威胁行为检测分析模型，构建全网安全威胁感知平台。将全行信息系统访问进行细粒度行为分解，包括按照系统、网络、应用、数据等不同层级的纵向分解，对每一层级上实体（员工、客户、攻击者）行为的权限关联和历史行为进行基线学习。通过"基础行为信息收集—权限关系识别—行为基线画像—安全威胁检测—安全威胁处置"五步走的路线，最终建设完成了全网安全威胁感知平台，包含基础行为信息采集、大数据集群计算、安全威胁检测处置和可视化四大功能。其中基础行为信息采集、大数据集群计算和安全威胁检测处置功能已实现平台化建设，可视化功能被包含到每个子平台中。以大数据集群计算子平台和安全威胁检测处置平台为支撑，综合呈现全网安全威胁动态信息和风险态势。

中国民生银行以业务场景为基础，通过对业务流程的梳理和威胁分析，以安全基线和威胁场景为手段，通过利用大数据分析平台、新型网络探针、专家知识库和安全运营体系，创新性地实现了信息安全和业务合规的有机融合，强化了信息安全在金融科技领域的多维应用，推进了银行安全防护体系从"被动式审计"向"主动式预判"的转变。

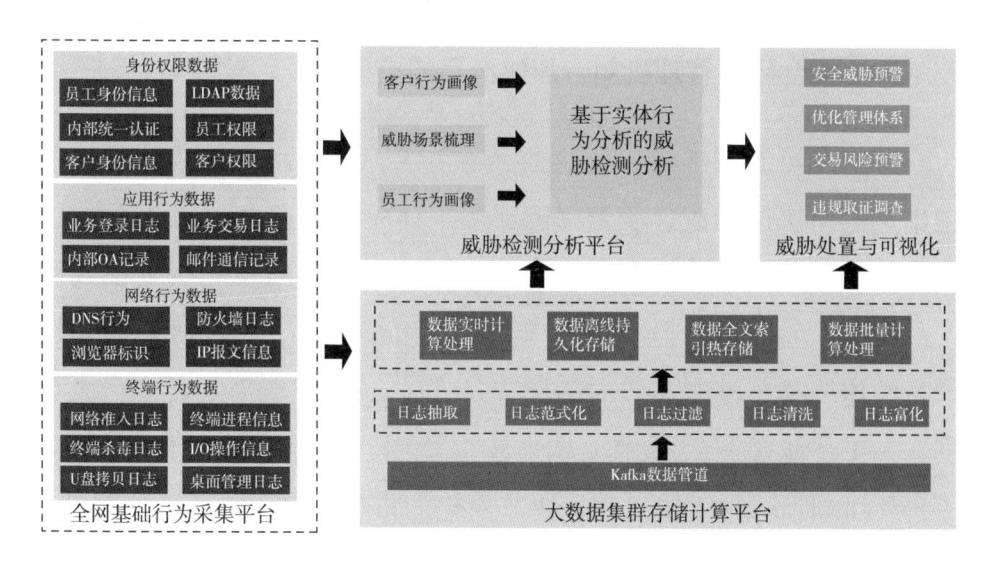

图 6-6　中国民生银行全网安全威胁感知平台

第二节　创新科技研发运维模式，促进 IT 服务质效提升

随着金融科技的迅速发展，银行业务市场竞争愈演愈烈，新产品、新业务快速上线的要求日趋紧迫，这对信息系统建设的交付速率和科技支撑力度提出了更高要求。创新测试管理机制，推进智能运维体系建设，在提高效率的同时降低了测试和运维成本，提升测试和运维的标准化水平和自动化能力，增强风险防控能力，保障业务健康可持续发展。

一、健全研发管理机制，加快产品响应速度

日新月异的新产品、新业务、新需求，对金融机构信息化建设提出了包括快速响应、质量保障、用户体验及风险控制等方面的更高要求。为适应新的发展需求，金融机构不断创新产品研发模式和产品质量保障体系，提升用户满意度和用户体验。软件研发模式从最初的传统瀑布模型逐步向敏捷开发、DevOps 等新模式转变，大数据、人工智能等新兴技术也越来越多地引入信息系统项目建设中，银行纷纷创新科技手段以迎合快速变化的市场需求。打通"产学研"链条，创新科技人才建设体系，通过新技术的引入，创新软件质量保障方式，提升用户体验。金融机构在学科上不断积极研究探索，通过工具和应用的创新不断解放科技生产力，开创行业发展新局面。

交通银行联合建设银行、TMMi 基金会中国分会（中国软件测试认证委员会）和同济大学，共同探索以解决人才供给机制问题为突破口的《银行业软件测试人才"产学研"共建共享体系建设》课题。课题研究以政策为导向，基于实践运用端诉求，以产业驱动"产学研"融合创新为方法，走出一条贯穿"政、产、学、研、用"多方共建共享的育人用人发展道路。

课题研究构造了"1+2+3+N"的"产学研"融合理论与实践框架：一是创建一个人才建设基础理论，奠定"产学研"融合实践的理论基础和实践依据；二是充实国内外两个行业标准，为"产学研"融合实践提供行动指南和操作规范；三是以产业为核心，驱动产研、产学、产业内三个领域开展融合创新实践；四是借助区块链和智能技术将研究形成的理论、标准、方法和机制落地在一个多方

共用的工具上，为"产学研"融合实践提供智能高效的服务保障。

政策 产学研深度融合政策
产业 商业银行与合作企业
教育 高等院校、培训机构
科研 TMMi中国/CSTQB委员会
实践运用 银行软件测试

理论
标准
融合领域
工具平台

银行业软件测试人才"产学研"共建共享体系

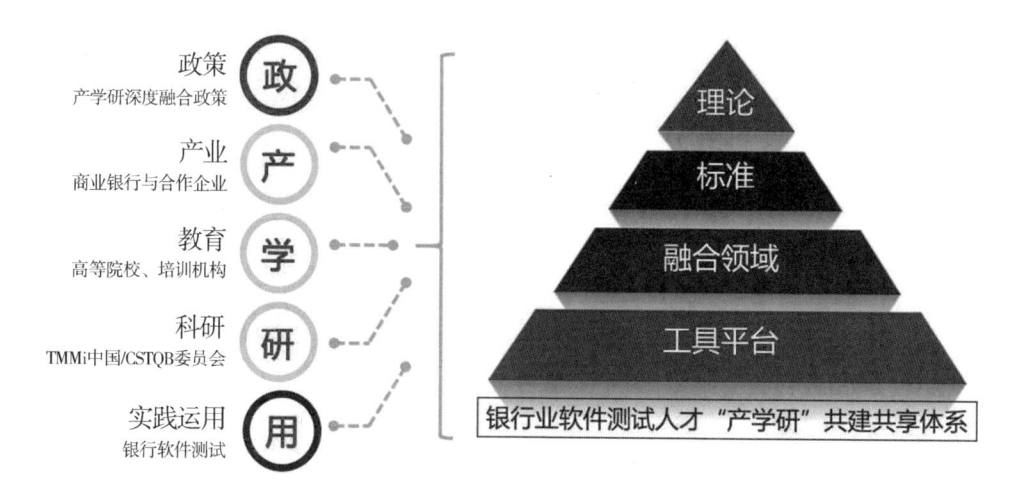

图6-7 交通银行软件测试人才"产学研"共建共享体系

招商银行众测管理体系将共享经济与测试工作相结合，在确保项目质量和规范的前提下，充分利用了行内外大量潜在的人力、设备等资源为测试项目服务，提升软件测试的吞吐能力，实现测试交付能力的弹性扩展。

招商银行借鉴近几年兴起的互联网众测模式，创新设计了一套以保证测试项目质量为前提，兼容 TMMi 规范的众测管理体系，与已有测试工作平台无缝对接，并面向互联网推广。众测管理体系对测试任务、测试人员、测试缺陷、测试度量、测试环境、测试工具及测试技术七个过程域进行扩展，建立了 20 余个配套制度，无缝嵌入测试受理、测试计划、测试设计、测试准备、测试执行、测试总结、测试回顾等阶段。众测管理体系从测试资源管理、过程质量管控、项目成本管理、风险管控四个方面建立测试管理手段，覆盖测试项目的各个阶段，按照策略选择、任务招募、任务分派、任务运转、质量评价、成本核算六个步骤进行流转。通过采用众测管理体系的测试项目，节省测试人力、设备资源，缩短测试交付周期，提升产品的用户体验，降低产品的质量风险。

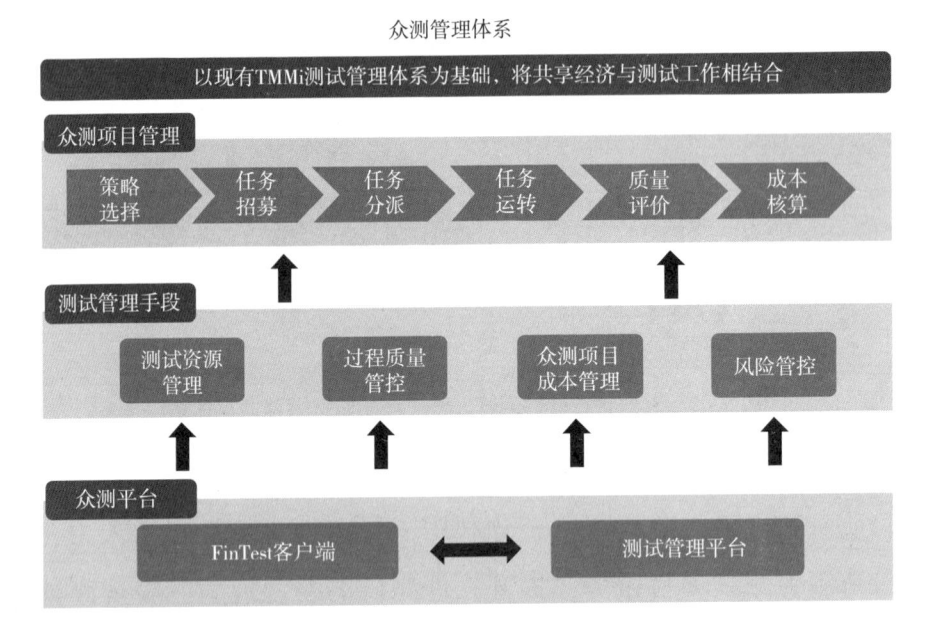

图 6-8　招商银行众测管理体系图

中国工商银行移动云测试平台的建设项目，在互联网金融战略的引导下，不断丰富和发展移动端应用，积极建立移动互联网测试生态圈，推动前沿技术理念与质量保障工作的深度融合，提升产品的客户体验。通过移动云测试平台，中国工商银行实现了移动设备的全面兼容测试、深度遍历测试、弱网络测试、安全测试和移动设备的统筹管理与分时共享，实现了只需一键即可完成多机型、多版本、多案例测试的模式，助力移动产品质量和用户体验的提升，提升了App的安全性，为移动互联网业务快速发展提供了强有力的技术支撑。

中信银行为满足软件测试和稳定运营的要求，针对业务测试领域设计了以因子为模型的智能分析系统，将业务场景表述为结构化的业务因子组合。测试部门从业务测试分析方法、测试案例高效复用、降低需求变更、异常测试和客户体验等角度完成了业务测试方法研究及落地实施。通过这些业务测试方法，使得业务测试人员能够系统且可靠地编写出各种业务测试用的场景及流程，从而全面地进行业务测试分析。智能分析系统的使用，提高了业务测试工作效率和质量，对提升软件的运行质量和业务发展竞争力有积极意义。

中国光大银行研究并建设了面向DevOps转型的研发效率云，通过全流程交付通道的整体建立来实现研发流程的自动化，提高各个环节的执行效率，满足监管要求，保障上线质量。面向DevOps转型的研发效率云在配置管理、代码提交、开发测试等多个环节实现了自动化、标准化和定制化，最大限度地提升研发效能。面向DevOps转型的研发效率云配套平台通过代码云、流水线云、测试云组成的平台以应用生命周期为视角，以需求为主线，集成各类专业工具，通过自动化流水线方式，固化软件交付规范和工艺，加速软件交付的效率和质量，实现软件交付端到端的全要素管理。

二、打造智能运维平台，提高系统管控水平

随着互联网金融的快速发展，银行金融服务的高频投产和各种线上的营销活动都对系统的稳定运行带来了新的挑战。凭借分布式、大数据、人工智能等新的技术手段与传统运维体系的融合应用，推动着银行数据中心建立更为强大的智能运维体系，使生产运维从自动化走向智能化。

华夏银行以"以移动化为抓手,以智能算法为驱动,以运维服务业务运营为导向,以提升运维效率和价值为目标"的理念,构建了基于 AIOps 的智能运维管理平台。该平台通过运维操作"线上化"对传统运维进行重塑,提升了运维操作的标准化水平和自动化能力;运用实时大数据分析及自主产权的智能算法等技术,构建了事件过滤、故障根因等智能分析模型,解决了冗余告警事件、故障定位难等问题;运用知识图谱、自然语言处理等技术,实现了面向移动应用的智能语音、智能客服相关功能;采用系统集成和移动互联网技术,实现了运维工具/系统的移动化整合,融合了"监、管、控"运维能力,有效缩短故障恢复时间;将运维实时监控数据运用于业务场景,为业务人员及时推送 T+0 实时数据,为经营决策提供强有力的数据支撑。

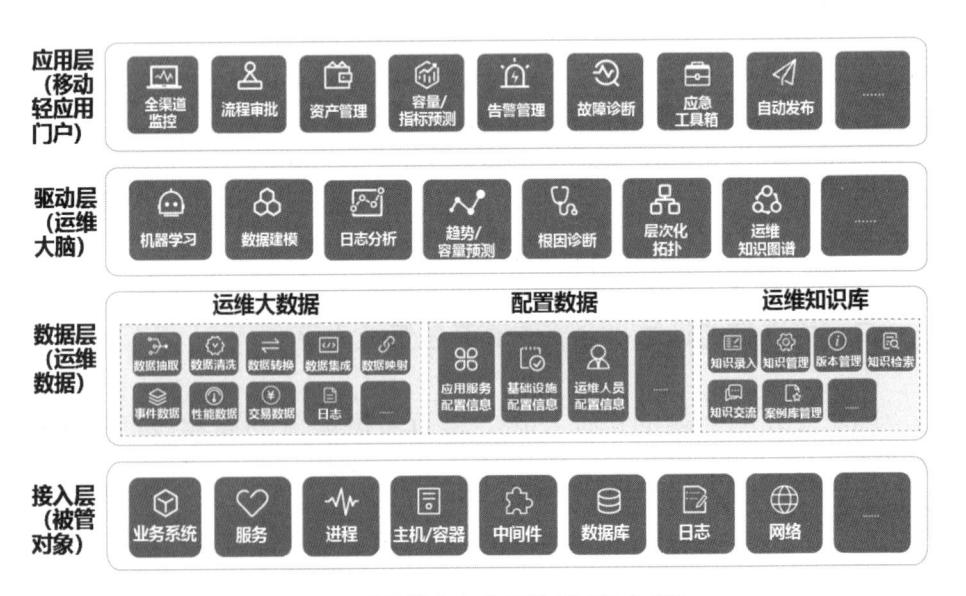

图 6-9 华夏银行智能运维管理平台架构

华夏银行通过智能运维管理平台的投产使用,进一步完善了 IT

数据治理框架，通过使用多种机器学习算法对数据进行深入挖掘学习，构建基于告警回复信息的事件智能过滤、故障根因智能诊断、面向业务活动的容量分析等模型，进而根据模型分析的结果生成各种策略和规则，来驱动自动化工具完成各项运维工作，形成了"发现问题、分析问题和解决问题"的闭环管理机制。华夏银行运用智能运维平台后，不仅消除了人为失误所带来的风险，实现了自动化操作流程，而且在提高运维工作效率的同时，运维风险也得到有效控制，帮助管理人员立足当前，着眼长远地制定资源配置计划，提升业务连续性管理水平，对防范金融风险具有重大意义。

平安银行基于开源技术自主研发了统一的全方位、多维度、高性能实时的 CAT 应用监控平台。该平台主要包括应用层监控、移动端监控及核心网络层监控等，支持多种中间件及 Java 应用，已接入 400 余套应用系统，具备支持系统到代码级别的全链路监控、可视化跟踪、实时告警能力、零配置部署和多维报表展示等能力。通过打通各个监控系统的信息孤岛，赋能不同的角色监控的能力，满足不

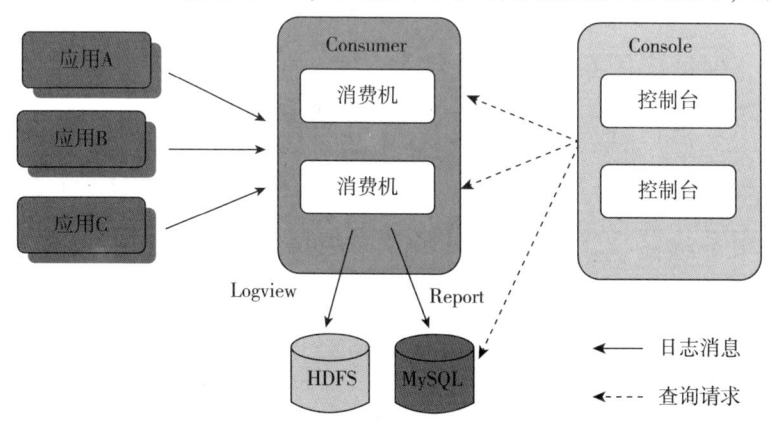

图 6-10　平安银行 CAT 应用监控平台

同场景的数据需求，实现系统应用精准定位，加快异常处理，简化问题解决流程，缩短问题解决时间，有效提升了故障预警、分析定位和快速处置能力。

平安银行积极在业内做 CAT 技术交流，使得越来越多的企业用户加入 CAT 的开源建设中。CAT 能通过支持一个开源社区来辐射技术影响力，向同业开展技术能力输出，有效地形成了良性循环的生态圈。

中国外汇交易中心为了快速自动化地完成对各类系统的部署配置、监控以及故障切换等工作，建设了运维自动化、智能化、精细化的统一运维管理平台，实现了从代码提交、代码审查、代码构建、配置检查、部署验证等过程管理，提高应用程序和服务的交付能力，为提升运维效能提供了有效支撑。结合金融机构业务系统交付流程及环境特点，灵活快速应对日常研发、日常变更、紧急问题修复以及紧急需求上线等各类场景的代码分支管理，实现了可支持快速自动化部署及回退等场景，并对应用系统完全透明的自动化部署可扩展框架，实现了应用系统配置项进行自动检查及环境信息自动替换等功能，保证应用系统部署文件的准确性。

国家开发银行基于场景的应用系统智能运维平台，整合了应用系统通用指标监控、应用系统可用性全链路监控、集中日志分析平台等应用系统监控工具，针对多个系统运维中关键场景，对监控数据、告警数据、日志分析数据、故障处置历史数据等集中汇总。借助大数据技术，通过对海量的运维数据进行分析，根据分析结果判断场景，实现故障恢复，并集中展示分析结果，构建了基于场景的应用系统智能运维平台，实现了快速响应、快速处理，大幅提升了应用系统运维水平。该平台取得了良好的实际效果，具有一定的业务价值和推广价值。

中国银行运维智能化数据分析平台，借助3D可视化平台建模、AR增强现实、大数据与人工智能等技术手段，实现了多平台全域运维数据的集中与多维度智能分析的目标，提升运维故障定位准确率，节省故障诊断时间；通过图形可视化能力对业务进行前瞻性预测，提高系统可靠性和安全性，提升运维洞察力、有效性，增强运维价值，满足多个场景数据分析要求，提升了运维工作为业务运营提供分析决策的能力，扩展了运维的服务价值。通过平台的使用，使得中国银行数据中心平均故障分析时间缩短50%~70%，通过查询日志进行排障、日常运维时间从小时级缩短到分钟级，在重大安全风险中发挥价值。

上海浦东发展银行自主构建了IT运营分析平台，实时汇集各类运维数据，面向运营，通过运维画像的灵活配置，实现异常检测、故障根源定位、告警决策、运维助理等功能，提升运维分析能力、应急处置效率、智能管理水平。运维人员通过平台可以更加直观掌握系统运行、业务热点、交易趋势等第一手资料，通过灵活便捷、自助配置的数据探索和可视化展现技术手段，在运营、运维、内控等多种场景决策，通过技术创新改进了传统工作模式，实现了人工智能在运维中的辅助决策。平台数据探索、智能监控功能替代了已有商用版日志分析产品、弥补传统监控不足。该平台推动运维管理模式的优化和变革，助力科技部门从支持保障到与业务融合发展乃至引领业务的重要转变。

中国民生银行自主开发的天眼实时智能日志管理分析平台，通过日志的收集、传输、储存，对海量系统日志进行集中管理和实时搜索分析，帮助运维人员进行业务实时监控、故障定位及排除、业务趋势分析、安全与合规审计等工作，深度挖掘日志的大数据价值，提升了应用整体系统智能分析与处理效率，达到了汇总、检索、展示应用日志和串联事件、快速定位问题等全方位功能要求。生产人员白天登录服务器次数减少40%，平均日志检索节约时间超过60%，通过日志平台对外提供的服务，数据中心平均故障解决时间从44分钟减少到28.3分钟，降低了系统宕机时间，提升了应用性能，保证了全行系统运行稳定。

中国农业发展银行基于ITILv3最佳实践标准和大数据、人工智能等技术，自主建设的新一代智能运维支撑平台，涵盖应用性能、机房、网络及平台软硬件等主要技术领域，贯穿"监、管、控"三大管理领域，形成以指标监控、日志采集为基础，汇聚关联、智能分析为核心，流程管理、场景展现、总分联动为支撑的运维管理体系。该平台实现了信息系统"横向到边、纵向到底"的运维管理目标，为IT运维向IT运营的转变进行了有益尝试和探索。

江苏苏宁银行基于机器人流程自动化运维系统从监、管、控三个维度整体规划实现一体化自动运维工作，将日常IT运维中大量的重复性工作由手工执行转为自动化操作，提升运维时效性。系统主要通过开源软件实现，可有效替代市面主要商业软件，有效降低了建设成本，积累的自动化和AI模块数据，未来可以在其他行业领域和场景中重复利用。

第三节 小 结

金融安全是国家安全的重要组成部分，是经济稳健发展的重要基础。金融机构必须不断加强信息安全运维体系建设，提升安全防控能力和科技支撑效能，保障金融安全稳定。一是容灾体系建设方面，以中国农业银行为代表的大型银行创新性地采用"同城转发、异地双活"灾备架构，使得核心及关键系统具备全天候防范区域级灾难的能力，中小型银行也建立了同城多中心双活的灾备系统，具备数据安全、运维高效的优势，有效保障业务连续性，支撑业务平稳运营。二是信息安全建设方面，为应对日益增长的安全威胁，中国工商银行等金融机构主动探索安全防御、溯源取证、威胁狩猎等新技术手段，建立拟态安全防御体系与信息安全运营中心，通过聚焦主动预防、深度检测、纵深防御，增强网络与信息安全防范能力，为客户信息安全与业务稳定运行保驾护航。三是研发测试运维方面，交通银行等金融机构走出一条"产学研"多方共建、共享的育人、用人发展道路，融合创新，快速迭代研发产品，灵活应对快速变化的业务市场需求；华夏银行等金融机构应用人工智能、大数据等新技术建立智能运维管控体系，提高系统运维效率，使生产运维从自动化走向智能化，推动运维管理模式的优化和变革，提升科技服务管控水平。

第七章 持续提升印制防伪技术，稳步增强现金服务能力

在 2015 版发行的 100 元基础上，2019 年人民银行相继发行了新版第五套人民币 50 元及以下券别。中国印钞造币实现了第五套人民币从设计到版、墨、纸、线及制造工艺、印制设备、防伪水平与现金服务的全面提升。

新时期下，国际国内环境快速发展变化，中国印钞造币依然面临前所未有的机遇和挑战。2019 年，中国印钞造币总公司坚持聚焦人民币印制核心业务，坚持做精做优人民币印制主业，全力以赴做好提升品发行保障，稳步推动塑料钞与新一套人民币研发，积极拓展现金服务产业链，进一步增强服务央行货币发行的能力，为中国人民银行的货币发行提供坚实保障。

第一节 研制国际一流防伪技术，打造货币综合防伪品牌

结合新一代货币要求及国际货币技术发展趋势，中国印钞造币总公司对标国际一流，通过自主研制国际先进防伪技术，增强人民

币综合防伪性能，夯实人民币货币公信力，为人民币成为国际化货币奠定技术基础。

一、自主创新防伪基材，实现货币品质跨越提升

为全面提升我国钞票纸技术水平和防伪能力，中国印钞造币总公司历经六年研制新型钞票纸。经数千次实验室小试验、近百次生产试验、数十次工程化试验及规模化验证试验，研发出多层次水印及安全线开窗新技术等多项技术成果，成功应用于2019版50元及以下面额人民币、人民币发行70周年纪念钞及尼泊尔1000卢比等国际竞标产品。

新型钞票纸不仅大幅提高纸张防伪性，显著增强纸张耐流通性，还可明显改善纸张印刷适应性，进一步提升钞票纸清洁生产水平。在提升防伪性上，有效协调了水印层次感、细节表现力和艺术感染力之间的关系。与原技术相比，水印清晰度和艺术表现力大幅提高，宽线大开窗技术更利于展现安全线防伪特征，实现了"造假者难伪造，公众易识别"的目标。在增强耐流通性上，提高了纸张纤维自身强度和结合强度。结合水印成型工艺特点，成功破解了水印成型效果与纸张强度难以兼顾的世界性难题，纸张耐流通性各项技术指标均达到国际先进水平。在改善印刷适应性上进行的深入探索，为印钞新技术应用提供了基础。

图 7-1 2005 版 20 元水印（左）与 2015 版 20 元水印（右）

新型钞票纸满足国内外市场不同产品质量的要求，先后在"一带一路"沿线国家尼泊尔、孟加拉、阿根廷等国际招标纸及国内农村土地经营承包权证上成功应用，体现了中国钞票纸技术的国际竞争力，为中国印钞造币贯彻国家"一带一路"倡议，在国际印钞市场实现全产业链国产化输出提供了技术支撑。

随着钞票承印物的多元化发展，中国印钞造币总公司提出了开发新型纸张和塑料基材的研发方向，这些承印物的变化对印钞油墨的转移性能、印品的物化耐性和耐机洗性能提出新需求。

中国印钞造币总公司自主开发了适于新型纸张的三类印钞油墨，其物化耐性达到国际先进技术水平，改善印刷环境、提升职业健康水平的同时，也提高了印刷质量、降低了印刷成本和 VOC 排放量，环保性能优于国际同类产品。

中国印钞造币总公司还自主开发了适于塑料基材的四类油墨，

具备了印刷塑料钞的相关油墨的技术能力，达到了国际同类产品的技术水平，为发行塑料钞打下了良好的技术基础。

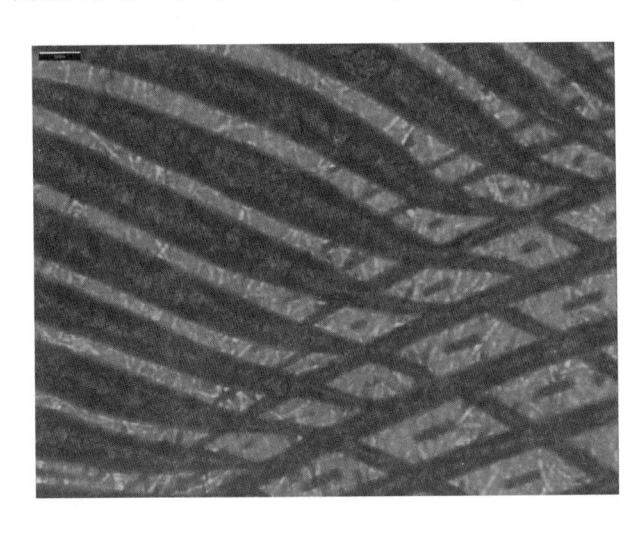

图 7-2　雕刻凹印油墨印刷图纹

项目成果先后在澳门生肖钞、航天纪念钞、中银（香港）百年纪念钞、尼泊尔 1000 卢比、5 卢比以及基于塑料钞基材的票样上进行了测试和应用，保障了在纪念钞和国际业务开拓的顺利开展。

与此同时，中国印钞造币总公司开发出了具备防伪功能的 UV 珠光丝网油墨，打破了国外公司在我国印钞领域的垄断，既可作为大众化的一线防伪技术，还可作为二线或三线防伪技术的载体，为人民币、纪念钞或其他货币文化产品提供高质量、高水平的防伪功能。

在硬币材料领域，国内复合造币材料持续应用于普通纪念币产品。为进一步提升造币技术含量，中国印钞造币总公司研制一种具备独特电磁性能的铜合金复合夹芯造币材料，即镍网复合材料。该材料以其独特的电磁性能和机读特性，使其防伪性能达到一个全新的技术高度，在航天普通纪念币上得到成功应用，开创了复合造币材料应用于我国硬币生产的先河。

二、瞄准前沿防伪技术，锻造大国特种防伪利器

在新一代钞票光学防伪技术中，微透镜阵列防伪技术无疑是光学前沿防伪技术的代表。微透镜阵列防伪技术有着独特的动态美感和优异的防伪性能。它强烈的动态效果和三维立体效果可满足不同角度、不同光源条件下的观察识别的需求。国际上微透镜防伪技术专利一直被美国 Crane 公司垄断，国内外其他钞券防伪公司因专利问题难以开展高质量生产。

图 7-3 百年北钞票样（背面）

中国印钞造币总公司通过自主研发与合作开发，具备了技术创新和产品开发能力，取得了具有自主知识产权的系列科研成果，走出了一条具有中国印钞造币特色的工艺技术路线，系统掌握了微透镜核心技术、装备、工艺和材料，实现了微透镜防伪膜卷的批量试

制，研制出有别于美国 Crane 公司的微透镜防伪产品，并成功应用于百年北钞等系列票样、中银（香港）百年纪念钞中，获国家发明专利授权 5 项，计算机软件著作权 1 项，防伪技术达到国际先进水平。

图 7-4 中银（香港）百年纪念钞（背面）

按照建设具有全球竞争力的世界一流企业的战略布局，中国印钞造币总公司在钞票防伪新技术、新设备、新工艺与新材料方面持续创新，已经积累了数十项国际先进防伪技术。中国货币有能力、有信心，以中国特色为基点，展现中华民族伟大复兴的追梦情怀和信息化历史背景下的高新技术时代感。

第二节 提高钞处运营能力，助力银行现金服务

在持续开展防伪技术自主创新、保障货币发行的同时，中国印钞造币总公司围绕现金生命全周期管理，着重增强现金服务水平，

通过提高现金质量检测技术,承接钞票处理中心业务试点,配合制定现金机具鉴别管理金融行业标准,协助开展纸硬币机具识别升级测试工作,为加强和改善央行金融服务做出了新的贡献。

一、强化质量控制水平,提升机读防伪能力

传统普通纪念币产品表面质量控制都是通过人工检查来完成,但人工检查存在检查员检测标准不统一、主观随意性大、操作劳动强度大、工作效率低、漏废率高等诸多弊端,检测工序已成为普通纪念币生产的瓶颈环节。

近些年,随着我国普通纪念币产量激增,以及隐形雕刻、微缩文字等防伪技术的综合应用,产品质量控制的难度进一步加大,人工检查已无法满足对币面防伪特征和表面质量的检测要求。因此,实现产品在线质量检查自动化和标准化迫在眉睫。

图 7-5 普通纪念币花饼检查机

为实现普通纪念币在线质量控制标准化、信息化和自动化,中国印钞造币总公司着眼于纪念币表面质量要求高、产量大且集多项防伪技术于一身的产品特点,通过研发新型在线检测技术及设备,对普通纪念币产品质量和防伪特征进行了全要素检测和控制,有效保证了硬币产品质量和防伪特征的一致性。

该技术及设备在 2014 年羊年贺岁普通纪念币中开始应用,截至 2018 年年底已累计完成各品种纪念币检测二十余亿枚。对币面常见的变色、划痕、转轴、粘坑、油污等缺陷实现准确检测并剔除,同时对边部以及隐形雕刻、微缩文字、精细图纹等防伪特征也能实现质量检测。其检测速度与印花机压印速度相匹配,剔除率、误剔率、漏剔率等技术指标均满足实际生产需求,满足了稳定可靠的规模化生产要求和普通纪念币质量控制的要求,提高了我国硬币生产质量自动化控制水平。

磁性编码安全线,在首次应用于第五套人民币 1999 版之后,迅速成为点验钞机具中一项不可缺少的重要机读措施,对于防伪与机读起到了不可替代的作用。

图 7-6 2019 版第五套 20 元纸币

为开发一种具有中国特色的独创性、高水平机读防伪技术,中国印钞造币总公司与国内一流大学合作,从原理着手,建立了磁性理论模型,确定了不同于国外的核心技术方向与特征,在专有材料、专有设备、专有工艺及专用检测等领域开展攻关，形成了一套防伪技术体系、多层级的防伪技术手段、多种产品应用方案，并实现了规模化稳定生产，在2019版50元及以下面额人民币上成功应用。

中国印钞造币总公司研制的新型磁码安全线，极大地提升了机读安全线的防伪水平，对保障国家金融安全、保护人民利益具有重要的社会意义。另外，新型磁码安全线填补了国内技术空白，形成了专利布局，优先竞争对手实现了技术开发和产品应用，打破了国外企业的专利垄断，走出了一条独立自主的创新之路。

二、拓展机具业务范围，提高现金处理效率

为向银行提供一种高性能、高度自动化、高性价比、高稳定性的纸币鉴伪及清分设备，中国印钞造币总公司研制出了新一代高性能、高性价比的点验钞机、两口机和台式清分机，在设备技术、鉴伪、智能化、信息化等领域达到世界先进水平，可向不同需求用户提供系列化的A类点验钞机、两口机、台式清分机。

A类点验钞机产品具有更强的冠字号码识别精度和识别率、稳定可靠的机器性能、先进全面的鉴伪技术及实用的钞票扎把机构，满足了银行点钞、扎把一体化的需求。两口机产品满足了银行前台或为现钞进入金库前作预先清分准备的需求，实现了临柜清分。台式清分机产品可自动实现纸币的新旧、版别、套别、面向、真伪的清分，还可检测、识别纸币的缺损、折角、孔洞、撕裂、污渍、粘胶带以及冠字号码等，并具备清分钞票的自动扎把和与ATM钞箱进行自动入钞匹配的功能。

图 7 – 7　A 类点验钞机　　　　　　图 7 – 8　两口机

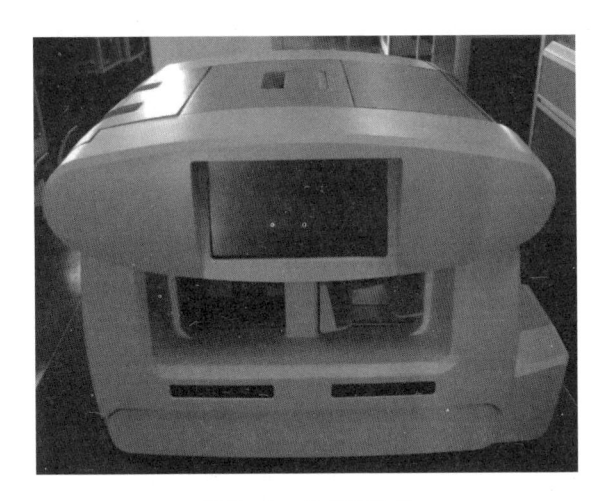

图 7 – 9　台式清分机

新型系列台式银行机具满足了中国人民银行与商业银行钞票清分处理中心、外包集中清分、现金整点清分中心服务需求，满足了网点清分、后台清分的需要以及 ATM 配钞等，提高了清分工作效率。与目前市场同类产品相比，这些新型机具的运算处理能力更高，检测能力更强，稳定性更好，引领了国内现金设备持续、健康发展，积极响应了中国人民银行提出的假币零容忍、票面全清分政策，进一步提升了我国银行业现金处理自动化水平、人民币形象及国际地位。为提高硬币流通的安全性与规范性,中国印钞造币总公司开展了硬币机读技术及标准体系研究,建立了符合我国流通现状的硬币机读技术体系及标准,并根据确定的技术指标建立了硬币机读数据库,为流通硬币的全寿命周期管理、不同领域硬币机读设备开发、新版流通硬币设计等提供技术支持和标准依据。

硬币机读技术及标准体系研究成果分为硬件和软件两个部分。硬件部分主要包括以多频率多指标为技术体系研制的、适用于不同使用场景的手持式鉴别仪、高速清分机、纸硬币兑换一体机等硬币机读设备,提高了我国造币业在硬币机读识别领域的技术及设备自主保障能力。

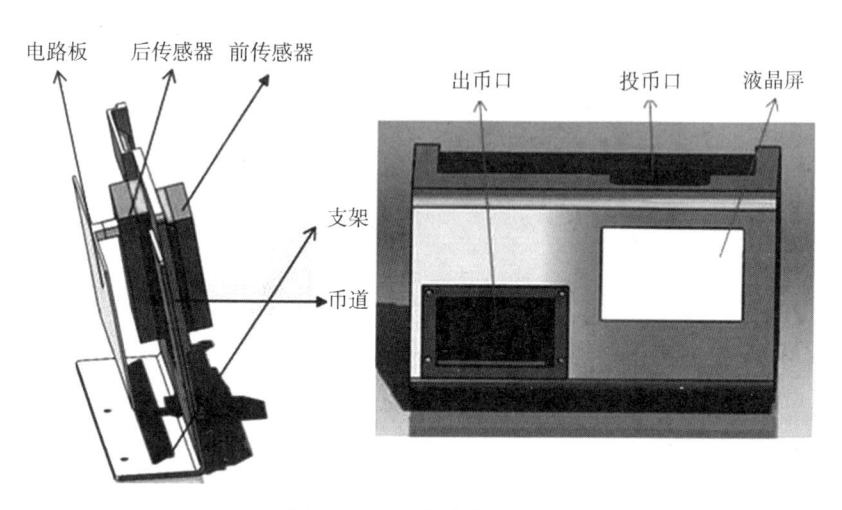

图 7-10 手持式鉴别仪

图 7–11　高速清分机

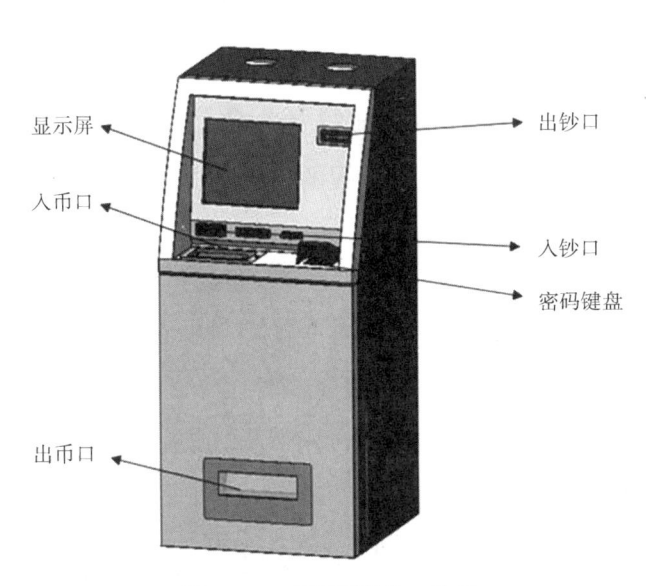

图 7–12　纸硬币兑换一体机

软件部分主要建立了多频率、多指标的硬币机读技术体系，编制完成了我国硬币机读技术规范及体系标准，制定了机读技术验证及评估方法等成果。软件成果已在《人民币现金机具鉴别能力技术规范》金融标准和《人民币现金机具鉴别能力测试方法》行业标准中作为硬币机读技术规范得到应用，填补了国内硬币机具鉴别能力检测标准的空白，为提升我国硬币机具整体技术水平奠定了良好基础。

硬币销毁是硬币生命周期中的最后一个环节。为解决硬币制造企业、硬币回笼单位和人民银行面临的硬币销毁处理问题，中国印钞造币总公司设计制造了机械碾压式硬币销毁机，对硬币生产中的残次品、流通中的假币、残损币、锈蚀币和游戏机牌进行安全经济的预先销毁，有效消除了熔炼销毁中的安全隐患。

硬币销毁机通过破坏待销毁流通硬币的识别特征，保证硬币机读设备无法对其进行识别。该设备实现了从落料到不合格在制品的全过程处理，节约了不合格品在数管、仓储、押运和监销过程中的成本，提高了生产环节和销毁过程的安全管理水平。

图 7-13 硬币销毁机

2017年，中国人民银行宁波支行开始应用硬币销毁机处理残损硬币，到2018年年底累计销毁2746.3万枚，达到了人民银行要求，取得了较好的销毁效果。

在做好币面与防伪技术深度融合的基础上，通过不断完善生产工艺体系的适应性与稳定性，中国印钞造币依托货币印制全产业链优势，以机读检测技术和机具制造应用两方面为抓手，稳步提升了人民币全生命周期服务能力，初步实现了从单一的货币产品制造商向货币综合解决方案供应商的转变。

第三节 小　结

基于我国新一代货币需求及国际货币技术发展趋势，近年来，中国印钞造币行业以世界一流货币为标杆，以科技创新为引领，自主研制国际先进防伪技术，聚焦技术瓶颈和空白，增强人民币综合防伪性能，以一流技术成就一流产品。自主研制纸张、油墨等基材，破解世界性难题，实现货币品质跨越提升；瞄准国际前沿防伪技术，走出了一条具有中国特色的技术产品化之路，形成系列化光学技术和产品成果，达到国际先进水平；围绕现金生命全周期管理，积极拓展现金服务产业链，提升质量检测水平，提高现金处理效率，进一步加强和改善央行金融服务，为中国人民银行的货币发行提供坚实保障。

结束语

当今世界正经历百年未有之大变局,一方面国际多边体系进入瓦解与重构过程,特别是近年来极端单边主义和保护主义抬头,对全球产业生态带来影响,信息产业供应链受到冲击,全球金融体系进一步演化;另一方面前沿科技呈现多点突破、齐头并进的发展态势,人工智能、大数据、生物技术等新一轮科技革命和产业变革催生大量新产业、新业态、新模式,为全球发展和人类生产生活带来翻天覆地的变化。面对新形势,国内行业产业纷纷强化自主创新意识,核心技术领域取得重要突破,金融信息化迎来了"换道超车"机遇。

近年来,银行业信息化建设工作重点围绕架构转型、技术升级、金融与科技融合发展等方面开展。第一,为满足互联网时代高并发、大流量业务需要,深入推进架构转型已经成为行业共识。各机构从非核心业务领域的探索实践,逐步转向聚焦核心关键领域。架构转型全面推进,中小银行紧跟大行步伐,实现行业整体突破。第二,践行安全可控战略,突破产品技术壁垒为形势所需。各机构通过自主研发等方式,积极开展基础技术研究应用和联合攻关,在底层软硬件产品等关键技术应用领域取得明显进展。第三,加快金融科技战略部署和安全应用,成为推动金融高质量发展的内在需要和重要选择。各机构密切关注、研究各类技术热点,加快新技术吸收和应用,有效提升科技转化效能,推动金融服务向智能化、开放化迈进。

展望未来，新技术、新思维在潜移默化中改变传统的生产生活方式，全球已展现数字和智能时代的朦胧轮廓。银行业金融科技发展和应用虽然初见成效，但也要清醒认识到金融科技在重塑金融业的过程中，也存在风险的隐蔽性、传染性问题等负面因素。银行业要聚焦于新技术金融应用规范化，加快顶层设计和统筹规划，建立健全适应金融科技发展的基础设施和标准体系，正确使用金融科技；要合理运用监管科技，加强金融科技创新产品安全管理、强化信息保护，规范引导金融科技健康可持续发展。

后 记

《银行业信息化年度成果报告（2019）》一书是年度前沿科技研究成果实践经验和思想见解的载体，凝聚了各相关部门和专家的心血，是行业内外技术共享与交流的窗口，相互启发、互相激励、不断提高，也见证了中国银行业信息化发展的不凡历程。

本书的顺利编著，得益于中国人民银行领导的高度重视。范一飞副行长亲自为本书做指导；科技司司长李伟担任编委会主编，编委会还邀请了各大商业银行的领导组成咨询委员会，进行全程指导和支持。

本书在吸收和借鉴国内优秀的科技成果的同时，还广泛参考了相关技术材料，经编写组共同研究、编写、修改后定稿。特别感谢中国建设银行在编撰方面给予的大力支持，同时也感谢中国工商银行、中国农业银行、中国银行、交通银行、国家开发银行、中信银行、光大银行、华夏银行、中国印钞造币总公司的参与。本书成稿后，我们分别发往相关机构征求了意见，并根据意见进行了认真修改完善，在此表示衷心的感谢！

囿于编者的学识和能力，书中难免存在疏漏和错讹，敬请各界专家和广大学者提出批评和改进意见，助力我们不断完善。

本书编写组
2020 年 6 月